Introduction to *The General Theory of Employment, Interest and Money*

《就业、利息和货币通论》导读

高鸿业 著

中国人民大学出版社
·北京·

图书在版编目（CIP）数据

《就业、利息和货币通论》导读/高鸿业著．—北京：中国人民大学出版社，2018.10

ISBN 978-7-300-25381-7

Ⅰ.①就… Ⅱ.①高… Ⅲ.①凯恩斯主义-研究
Ⅳ.①F091.348

中国版本图书馆 CIP 数据核字（2018）第 006116 号

《就业、利息和货币通论》导读

高鸿业　著

《Jiuye Lixi he Huobi Tonglun》Daodu

出版发行	中国人民大学出版社		
社　　址	北京中关村大街 31 号	**邮政编码**	100080
电　　话	010－62511242（总编室）		010－62511770（质管部）
	010－82501766（邮购部）		010－62514148（门市部）
	010－62515195（发行公司）		010－62515275（盗版举报）
网　　址	http://www.crup.com.cn		
经　　销	新华书店		
印　　刷	北京捷迅佳彩印刷有限公司		
开　　本	720 mm×1000 mm　1/16	**版　　次**	2018 年 10 月第 1 版
印　　张	15.25 插页 1	**印　　次**	2024 年 5 月第 2 次印刷
字　　数	162 000	**定　　价**	76.00 元

目　录

第一章　引　言 …… 1
　第一节　《通论》的重要性 …… 1
　第二节　《通论》的难于被读懂的性质 …… 2
　第三节　对我国的有用之处 …… 6
　第四节　本《导读》各章的安排 …… 8
第二章　凯恩斯的时代背景 …… 9
　第一节　1929 年以前的时期 …… 9
　第二节　1929 年的大危机 …… 11
　第三节　1929 年以后的时期 …… 13
　第四节　理论和政策的无能 …… 15
　第五节　拯救资本主义的著作 …… 18
第三章　凯恩斯的学术背景 …… 19
　第一节　萨伊定律 …… 19
　第二节　就业论 …… 22
　第三节　利息论 …… 24
　第四节　货币数量论 …… 26
　第五节　必备的知识 …… 28
第四章　凯恩斯的个人背景 …… 29
　第一节　出身与学历 …… 29
　第二节　职业经历和著作 …… 31

第三节　性格特点 …… 37
第五章　对《通论》的概述 …… 43
第一节　《通论》中“通”字的含义 …… 43
第二节　传统的就业论 …… 44
第三节　对传统的劳动市场论的抨击 …… 46
第四节　削减工资的问题 …… 48
第五节　凯恩斯的劳动市场论 …… 50
第六节　总供给函数和总需求函数 …… 52
第七节　对《通论》理论体系的简要总结 …… 54
第六章　三个枝节问题 …… 58
第一节　衡量单位 …… 58
第二节　预期的作用 …… 60
第三节　国民收入的概念 …… 61
第七章　消费倾向 …… 66
第一节　消费函数和它的形状 …… 66
第二节　消费函数的位置 …… 70
第三节　消费函数与简单凯恩斯模型 …… 72
第四节　边际消费倾向和乘数 …… 76
第八章　投资诱导 …… 81
第一节　资本边际效率 …… 82
第二节　长期预期与资本边际效率的关系 …… 84
第三节　凯恩斯的利息论 …… 89
第四节　凯恩斯的利息论与传统的利息论的分歧 …… 94
第五节　《通论》的全部理论体系 …… 97
第九章　价格论和工资论 …… 101
第一节　传统的货币数量论 …… 102
第二节　凯恩斯的价格论 …… 104

第三节 削减工资的建议 …… 107
第四节 对削减工资办法的否定意见 …… 109
第五节 凯恩斯的工资论 …… 111
第六节 《通论》的名称的由来 …… 113
第十章 对四个重大问题的见解 …… 116
第一节 经济周期 …… 116
第二节 重商主义 …… 121
第三节 节俭的是非论 …… 124
第四节 对资本主义和传统的西方经济学的评价 …… 126
第十一章 货币政策 …… 138
第一节 西方国家的银行制度 …… 139
第二节 准备金与银行存款的多倍扩大 …… 140
第三节 银行存款与货币政策 …… 143
第四节 债券价格与利息率的关系 …… 146
第五节 公开市场业务 …… 148
第十二章 财政政策 …… 151
第一节 传统西方经济学有关财政政策的观点 …… 151
第二节 不平衡预算的原则 …… 152
第三节 支出方面的财政政策 …… 154
第四节 收入方面的财政政策 …… 156
第五节 有关财政政策的注意之点 …… 157
第十三章 《通论》在思想和政策上的作用和影响 …… 161
第一节 《通论》的传播过程 …… 162
第二节 在思想上的影响 …… 165
第三节 在政策上的影响 …… 168
第十四章 《通论》在学术上的作用和影响 …… 171
第一节 中派的观点 …… 173

第二节 代表前期右派思想的货币主义 …… 175
第三节 理性预期学派 …… 179
第四节 新凯恩斯主义者的辩解 …… 181
第五节 左派的观点 …… 183
第十五章 《通论》对西方世界有用吗? …… 188
第一节 西方宏观经济运行的现实 …… 188
第二节 理论分析 …… 192
第十六章 《通论》与中国 …… 202
第一节 政策方面的有用之处 …… 204
第二节 个别论点的有用之处 …… 205
第三节 对国情差别的考虑 …… 208
高鸿业先生论凯恩斯经济学 …… 213
附录一 …… 232
附录二 …… 233
附录三 …… 234
后记 …… 239

第一章　引　言

本书的名称是《〈就业、利息和货币通论〉导读》（简称《导读》）[①]。顾名思义，“导读”的目的当然在于帮助读者理解《就业、利息和货币通论》（简称《通论》）的内容。为什么有必要帮助读者做到这一点？这里的原因有三个。对这三个原因，本章即将依次加以说明。

第一节　《通论》的重要性

第一个原因是《通论》的重要性。《通论》被公认为20世纪西方经济学最重要的著作，成为西方经济学领域的“经典”和必读文献。它的出版被认为是掀起了一场“凯恩斯革命”，形成了“凯恩斯主义”这一新的名词，并使得这一名词在世界范围内流行。由于该书的影响，第二次世界大战后的20余年间被称为西方经济学界的“凯恩斯时代”。评论《通论》的著作，其数量可以千百种计，迄今尚在继续出版。

《通论》不仅被认为是20世纪西方经济学最重要的著作，也被一些西方学者誉为跨时代的巨著，甚至可以和马克思的《资本论》、

---

① 《导读》所使用的原著版本为：约翰·梅纳德·凯恩斯．就业、利息和货币通论．高鸿业，译．北京：商务印书馆，1999.

达尔文的《物种起源》相提并论，而凯恩斯本人则因之跻身于世界思想界巨人，如亚当·斯密、马克思、达尔文、爱因斯坦、弗洛伊德等的行列。例如，美国著名教授哈利斯于 1953 年写道："也许我们要稍早一点宣称，《通论》和达尔文的《物种起源》，以及马克思的《资本论》一起构成过去一百年中出现的最重要的著作。"[①] 另一位西方学者说："如果凯恩斯能和马克思、达尔文、弗洛伊德和爱因斯坦都属于最宏伟层次的具有创新性的思想家，从而导致现代思想革命的话，那是由于他在《就业、利息和货币通论》中对经济学的贡献，其中包括对经济科学和对政策指导的贡献。"[②] 当凯恩斯于 1946 年去世时，英国《泰晤士报》为他撰写的讣文中说："他是一位天才，而作为一位政治经济学者，他对专业人士和一般群众的思想都有着世界范围的影响……要想找出一位能与之相比拟的经济学家，我们必须上溯到亚当·斯密。"[③]

《通论》的重要性是显而易见的。对于这样重要的一本著作，当然有必要对它作出较详尽的理解。帮助读者做到这一点便是撰写本书的第一个原因。

第二节 《通论》的难于被读懂的性质

撰写本书的第二个原因是《通论》的难于被读懂的性质。《通论》不但被公认为是一本重要的著作，而且被公认为是一本非常难

① 哈利斯．凯恩斯导读前言//汉森．凯恩斯导读．纽约：麦格劳-希尔公司，1953：9.

② 明斯基．约翰·梅纳德·凯恩斯．伦敦：麦克米伦出版社，1975：1.

③ 泰晤士报，1946－04－22.

懂的著作。英国经济学说史的权威人士布劳教授写道："在整个经济学的历史中，该书仍然是最难懂的著作之一……难于理解的文句、含糊不清的表达方式，以及一次又一次脱离正题的论述。"① 诺贝尔奖得主萨缪尔森也说："它是一本撰写不良的书，结构松散。任何外界人士，如果仅凭该书作者过去的声誉而购买该书的话，他可以说是上当受骗了。"② 萨缪尔森还承认，他在开始阅读时看不懂《通论》，并且接着说："根据我个人记忆犹新的回想，而我并不算泄露什么秘密，我敢断言，在该书出版后约一年到一年半的时间里，在麻省理工学院、剑桥大学没有任何其他人真正知道该书的内容是什么。"③

为什么该书如此难于看懂？其根源来自该书的下列三个特点：

首先，《通论》的读者对象是当时西方经济学的专业人员。凯恩斯在该书的序言中明确指出它的这一特点："本书主要是为我的同行经济学者而撰写的。"［第 1 页］* 这就是说，要想看懂《通论》，必须具备当时西方经济学者所具备的专业知识。由于这一原因，对不具备当时专业知识的读者而言，阅读该书会感到困难。例如，在《通论》出版时，当时的一位英国金融记者写道："很不幸的，要想理解凯恩斯先生想要说的是什么，除了人数有限的几位具有足够专业知识并且熟悉经济学术语的人以外，他使所有的

---

① 布劳．对经济学的回想：第 5 版．牛津：牛津大学出版社，1997：651.

② 萨缪尔森．论《就业、利息和货币通论》//哈利斯．新经济学．纽约：诺夫出版社，1948：146.

③ 同②148.

* 约翰·梅纳德·凯恩斯．就业、利息和货币通论．高鸿业，译．北京：商务印书馆，1999. 以下所引《通论》内容均以此书为依据，且只注页码。

读者感到失望。”[①]

理解的困难不仅限于非专业人士，即使对今天的经济学专业人员而言，困难也在一定程度上存在着。因为经济学的内容是随着时代的变迁而改变的。今天的学者所掌握的经济学知识不但和过去有着相当大的不同，而且今天的学者未必确切知道为当时的学者所掌握的知识是什么。正是由于这一原因，今天的专业人员可能对《通论》某些内容和术语并不感到生疏，却难于理解为什么该书对某些问题特别加以强调，又对另一些问题争论不休。

其次，《通论》进行争辩的特点。凯恩斯撰写该书的目的一方面在于推翻当时的，也就是传统的西方经济学中关于就业的理论；另一方面还在于建立他自己的新理论。正如他在该书“序言”中所说：“这样，除非使用高度抽象的辩解和相当多的争论，我就不能达到我的目的，来说服经济学者，使他们能以鉴别真伪的态度重新考察他们的某些假设前提。我的意图是想使辩解和争论尽量少一些。但是，我认为，重要之点是：不仅要对我的观点加以解释，而且还要说服在哪些方面我的观点不同于现在流行的理论。”［第1页］《通论》这种进行争辩的特点使得它正面的论述和抨击对方的文句交织在一起，使得凯恩斯的新理论和传统的旧学说交织在一起。该书的这一特点再加上凯恩斯撰写该书时“随意写来”的笔法和态度，给该书带来了更多含混不清之处。对此，萨缪尔森写道：“在该书中，凯恩斯的理论体系没有被明确地表示出来，好像该书的作者没有认识到体系的存在及体系的性质，而在涉及该体系与过去的

① 维塞斯．经济学者的大谬误．星期日泰晤士报，1936-02-23.

体系之间的关系的地方，作者的论述特别不清楚。”①

为什么凯恩斯在写作《通论》时采取了“随意写来”的笔法和态度？笔者认为，本书第四章有关凯恩斯个人背景的论述可以提供答案，即当凯恩斯在撰写《通论》时，他已经具备相当大的名声。他知道，不论他的论述是否通畅明晰，人们总是会阅读他的作品。事实上，在《通论》出版以前，当时的西方经济学者在得知凯恩斯撰写该书的信息时，已经翘首等待出版的日期，都想先睹为快。总之，不论原因何在，《通论》撰写的不良给读者添增了阅读的困难。

最后，《通论》思路不清和故作玄虚的特点也使读者感到困惑和理解困难。

在该书的个别章节中，凯恩斯有时对他所论述的问题还未思考清楚就把他的想法表述出来，有时甚至故意把浅显的事物论述得异常复杂。对此，萨缪尔森写道：“该书具有大量故作玄虚或令人混淆之处。”②

连凯恩斯自己都思索不清的东西，读者当然更无法理解。以故作玄虚的章节而论，它们不过是人为地制造困难，从而浪费读者的阅读时间。

总之，该书的上述三个特点不但可以说明《通论》是一本非常难懂的著作，而且可以告诉我们难懂的根源所在。

---

① 萨缪尔森．论《就业、利息和货币通论》//哈利斯．新经济学．纽约：诺夫出版社，1948：148－149.

② 同①149.

第三节 对我国的有用之处

解读《通论》的第三个原因是它所含有的对我国有用的或值得借鉴的内容。为什么它含有这种内容？对此，我们即将加以阐述。

凯恩斯撰写《通论》最主要的目的，在于说明为什么有必要和有可能使用扩大内需的宏观经济政策，来把资本主义市场经济从1929年后严重的萧条状态中拯救出来。自此以后，凯恩斯的门徒们根据《通论》的基本原理发展了师父的观点。门徒们认为，既然在萧条状态时，凯恩斯所主张的扩大内需的宏观政策能把资本主义市场经济从萧条中拯救出来，那么，当这种市场经济运行过热从而出现通货膨胀时，抑制内需的宏观政策也同样能够冷却过热的经济运行，从而制止通货膨胀。通过这种扩张性的和收缩性的宏观政策的调节和控制，资本主义市场经济便可以避免有害的上下波动，获得稳定的发展。这种针对上下波动而执行的宏观调控政策在西方被称为宏观经济管理。第二次世界大战以后，主要资本主义国家在不同程度上都推行了宏观经济管理的办法；目前，仍在继续推行。这一现实情况使得《通论》在下列三个方面对我国具有借鉴作用：

第一，我国执行的对外开放政策加强和密切了我国与资本主义国家的交往。为了从交往中得益，我国必须尽量了解资本主义国家的经济情况，才能达到“知己知彼”的目的。因此，通过西方的宏观经济管理来了解西方的经济情况成为不可缺少的信息渠道。举一个明显的例子。中央银行对利息率的调控是西方宏观经济管理的一个重要并经常使用的手段。中央银行可通过提高利息率来抑制通货膨胀，又可通过降低利息率来摆脱萧条状态的威胁。各国利息率变动特别是美国利息率的报道经常在传媒中出现，并且受到各个方面的关注。因此，我国可以从利息率的变动中推测西方国家的经济情况，以便使我国能采取相应的对策，而《通论》正是西方宏观经济管理的理论基础。这样，掌握《通论》也就成为理解西方经济情况的一个必要条件。

第二，西方的经济体制是资本主义市场经济，而我国推行的是中国特色社会主义市场经济。二者虽然具有原则性的差别，但以市场经济而论，二者又有共同之处。因此，西方国家管理宏观经济的手段和经验在一定程度上也可以为我国所借鉴和吸收。事实上，我国已经这样做了。例如，在1997年东南亚金融危机之后，为了消除危机对我国的影响，我们已经执行了扩大内需的宏观经济政策，并且取得了成效。由于《通论》是西方宏观经济管理的理论基础，所以要想借鉴和吸收西方宏观经济管理的手段和经验，则必须理解《通论》。

第三，除了国内宏观经济管理方面的内容以外，《通论》也对国际贸易和金融提出了自己的意见，而这一意见在很大程度上形成了第二次世界大战后国际收支平衡的基本原则，并且促成了目前仍然存在的世界银行和国际货币基金组织这两个机构的创建。凯恩斯本人直接参与了它们的创建，成为二者的缔造者之一。此外，《通论》中含有的关于股票市场的N点也构成了目前在我国报刊上登载的“技术分析”股评的理论渊源之一。凡此种种，都增加了解读《通论》的必要性。

第四节　本《导读》各章的安排

以上三节说明，《通论》是一本重要、难懂并在一定程度上对我国有用的著作。由于这些原因，我们有必要了解它，从而也就有必要对它进行解读。《导读》各章就是为了解读的任务而安排的。

除了作为引言的第一章和作为总结的最后两章以外，《导读》可以分为三个部分，依次说明《通论》的渊源、本身和影响。第一部分包括第二章到第四章，说明凯恩斯的时代、学术和个人背景。了解这些背景一方面使读者具备理解《通论》的必备知识，另一方面也可以看出它的历史任务和局限性。第二部分包括第五章到第十二章，它们依次对《通论》的内容逐章加以解释，论述其中的难点并把重要的数学公式推导出来。第三部分为第十三章到第十四章，它们分别从思想、政策和学术方面叙述《通论》的作用和影响。

在作为《导读》的评价和总结的最后两章中，第十五章根据西方经济的现实，指出《通论》在理论上的正确和错误之处。第十六章的标题为“《通论》与中国”，其目的在于以中国特色社会主义市场经济为出发点来对《通论》作出评价，指出它对我国有用的地方和值得注意的方面。这样，读者就可以结合我国的国情，量体裁衣来借鉴《通论》；同时，又不会削足适履，从而避免它可能带来的不良后果。

第二章　凯恩斯的时代背景

经济学研究人、社会及二者之间的关系。人、社会和二者关系的变化必然会影响经济学著作的内容。作为一本经济学著作，《通论》的内容也会受到这种变化的影响。因此，为了较深入地理解《通论》的内容，我们有必要对凯恩斯的时代、学术和个人背景加以论述。本章说明凯恩斯的时代背景，其他两种背景将在其后两章加以论述。

凯恩斯生于1883年，卒于1946年。他所生活的年代可以被区分为两个时期，即1929年以前和其后这两个时期。在前一个时期中，资本主义取得了相对稳定的发展，而到了1929年后的第二个时期，资本主义则处于相当剧烈的动荡之中。1929年之所以成为前后两个时期的分界线，是因为在这一年发生了几乎使资本主义覆灭的空前严重的经济危机。

第一节　1929年以前的时期

在1929年以前的时期中，资本主义之所以取得了比较稳定的发展，其原因来自诸多方面。其中最重要的一个很可能是西方第二次工业革命。

在第一次工业革命的基础上，以电力、内燃机和化工为代表的第二次工业革命起始于19世纪中叶，其投资的规模远大于过去以纺织业和蒸汽机为主的第一次工业革命。例如，1881年，第一座发电厂在英国出现。1879年，美国的爱迪生使电灯趋于能实用的完善阶段。自此以后，电灯进入寻常百姓家，电线杆成为欧洲城市的街景。1887年，德国工程师代莫勒设计出早期的汽车。1909年，美国的福特制造出真正廉价的T型轿车，一举使它的价格从1908年的每辆2 800美元下降到1909年的850美元，从而使汽车的需求量大为增长。汽车的普及又促进了石油化工业的发展，一度荒凉的中东的沙漠不毛之地，成为列强竞相抢夺的能源基地。所有这一切都要求并产生大量的投资，而资本的积累又使资本主义稳定而迅速的发展成为可能。

除了资本积累以外，许多次要原因也导致了这段时期经济的稳定发展。人类文明的进程逐渐减少了资本主义早期对劳动者的过分剥削、奴役和残酷的行为；工人力量的壮大使工会于1871年最早在英国成为合法组织；1846—1932年，欧洲向美洲、澳大利亚等地约5 000万人的大量移民缓解了人口压力，使工资有所提高；列强对殖民地的开拓和掠夺给过剩的商品提供了市场；如此等等。这些都是促进资本主义生产力发展的有利因素。虽然经济危机不止一次地出现，但是，总的说来，在凯恩斯生活的前一段时期中，资本主义可以说大体上处于稳定发展的阶段。

第二节　1929 年的大危机

自由放任的资本主义不可能无限制地延续它的稳定发展。由于广大人民的消费水平受到限制和其他原因，在前一段时期形成的巨大的生产能力不可避免地造成了商品的相对过剩，而生产的相对过剩最终酝酿成一次资本主义的空前巨大的经济危机。

总的说来，这次空前巨大的经济危机使资本主义世界的工业生产下降了约 37%，国际贸易数量减少了 2/3。1933 年，资本主义国家失业者的总和达到 3 000 万人之多，大批农民则因无法清偿债务而丧失家园。由于当时并不存在失业救济等社会福利措施，大量失业者在街头流浪，甚至饿死。经济上的严重萧条导致了社会动乱和工人运动的蓬勃发展，使资本主义在政治上濒于灭顶之灾。时至今日，西方人士谈及这次危机时，仍然谈虎色变。

这次危机最先以纽约股票市场的崩溃表现出来。早在 1929 年以前的约 10 年中，美国股票市场出现了价格上升的泡沫，购买股票成为有利可图的事情。不但有储蓄的人购买股票，而且，当股票价格的上涨幅度超过借款利率的时候，没有储蓄的人也借钱购买股票。达官贵人、富商巨贾、投机大鳄和炒股庄主自然购买股票，就连普通老百姓，如白领工作者，甚至售货员和清洁工也购买股票。炒股成为人人从事的活动。股票购买促进价格上升，而价格上升进一步促进人们购买的欲望。如此互为因果、循环往复，股票市场的泡沫日益庞大。一时间，股票成为紧俏的商品，据说具有“稀缺的额外价值”。几乎任何具有虚幻形象的新成立的公司股票都不愁没有买主，甚至当时仍然处于设想状态的航空和电视公司的股票也被认为是前途远大的新科技产业而拥有买主。

特别应该指出的是当时在美国新出现的所谓信托公司。这种公司并不直接经营任何企业，却发行股票并使用由此而得到的资金来购买其他企业的股票。当其他企业的股票盈利时，信托公司便用这种盈利来支付自己的股息。由此可见，信托公司的出现使市场上原有的股票数量又增加了一个新数量，从而使股市泡沫愈吹愈大。

然而，泡沫的美好幻景终究要破裂的：1929 年 10 月 24 日，那个黑色的星期四被公认为是泡沫破裂和股市崩溃的起始点。那一天，纽约股票交易所及其他地区的类似分支机构的股票价格直线下跌，很多股票根本没有买主。到了那一天的上午 11 时，全美国出现了股票抛售的浪潮，电码上显示的股票价格的变动赶不上股票价格下跌的速度。

半小时后，人心更加惶恐不安，在纽约股票交易所外面的宽街，聚集了一群焦急喊叫的人们。为了避免引起事端，纽约警察局还特地派遣了一组警员，以便维持治安。当时有一位建筑工人在该处附近的一座高楼上进行正常的维修工作，街上的群众却误以为他是一个破了产的炒股者，正在准备跳楼自杀。

人心的惶恐制造出使人心更加惶恐的谣言，更加惶恐的谣言造成更加迅速下跌的股票价格。有的谣言说，股票已经分文不值；有的谣言声称，芝加哥的股票市场已经倒闭，10 余位有名的炒股庄主已经自杀。

虽然在这一天的下午，金融界的大亨们纷纷出面，企图挽救疯狂抛售股票的局面，然而，杯水车薪，无济于事。纽约股票市场的崩溃已经成为定局。从此时起，震撼全球的 1929 年大危机正式开始。

第三节　1929 年以后的时期

在凯恩斯生活的后一段时期，除了当时的苏联以外，一直到第二次世界大战，整个世界都未能摆脱 1929 年危机的阴影。这里主要以美国的情况为例。

1929 年以后，股票价格持续下降。让人们具有信心的蓝筹股，如通用电气和美国无线电公司（RCA）分别从 1929 年的最高价 396 美元和 101 美元下降到 1932 年的最低价 8 美元和 2 美元，其下降的幅度接近于 100%，几乎变为一文不值的东西。到了 1933 年，市场上全部股票的价值仅为 1929 年价值的 1/6。

股票市场的崩溃带来了货币金融危机，银行倒闭，生产萎缩，失业增加，物价和工资急剧下降。从 1929 年到 1933 年，美国的物价和就业率下降了约 40%，而工资下降了 60%。街道上等待施舍粥汤和面包的人们排成长龙，罢工和游行示威的行动日益增加，各国的工人运动得到空前发展。1929 年上任的美国总统胡佛成为历史上最不受欢迎的总统之一。失业的工人和破产的农民用硬纸板和废弃的铁皮搭成的窝棚区被称为胡佛村；而人们把衣服口袋的里子翻出露在口袋之外，用以表明他们身无分文，并且把这种翻出来的里子称为胡佛旗帜。

为了维护本国的企业和就业，主要资本主义国家在对外贸易中毫无例外地采取了“以邻为壑”的政策。一方面以津贴补偿的办法来刺激出口，另一方面又用关税壁垒等手段来制止进口。其后果是，外贸锐减，各国俱受其害。对于这种现象，当时的西方报纸登载过一幅漫画。该幅漫画把世界描绘成一个由各个岛国构成的海洋；每一个岛国的四周都围绕着坚不可摧的关税高墙，而在海洋中运行的船只都找不到停泊的港湾。

时至今日，一本流行的西方经济史写道：“1929 年的大危机是资本主义国家从未经历过的经济的严重衰落。失业、生产水平的低下、金融的动荡和贸易的缩减都同时到来并且持续下去。那时的马克思主义者认为，资本主义的最终覆灭已经指日可待，而资本主义的企业家和政治领导人则悲观失望，很难相信市场机制会把他们拯救出来。”[①] 1929 年大危机之后的萧条状态使人们对资本主义能否存在下去产生了怀疑。在萧条状态最为严重的 1933 年，当美国的新任总统罗斯福宣誓就职时，有人甚至觉得，他可能是美国最后一任总统了。

在 1933 年以后，大危机带来的萧条状态有所好转，但是，物价、就业、生产，特别是股票价格均未能恢复到危机前的水平。即使到了 1937 年，危机造成的苦难生活依然存在。著名的作家奥威尔用下列语言描述了他看到的当时英国贫民窟的情况：“当火车缓慢地离开城市郊区时，我们看到了一排又一排与铁路相邻的晦暗又

① 凯根，奥斯曼特，特纳．西方的源流：第 4 版．纽约：美国出版社，1995：993.

狭小的贫民房屋。在一所房屋的后院里，一位年轻的妇女蹲在石头地上，用一根细棍疏通很可能是已经被堵塞了的连接室内外的污水管道。时间足够使我观察到她的一切——她的粗麻布围裙，她的笨重的木底鞋，她冻得泛红的手臂……她有一张圆而灰暗的脸，正像贫民窟中通常出现的枯竭的脸一样，由于流产和劳累而在 25 岁的脸上呈现出 40 岁的容貌，带着一副我从未看到的绝望的表情。”①

真正使资本主义世界走出大萧条阴影的是第二次世界大战。第二次世界大战结束后不久，凯恩斯便已辞世而去。他生活的年代可以被分为以 1929 年作为分界线的两个时期：在此以前，资本主义处于稳定发展状态；而在此以后，它被笼罩在巨大的萧条之中。

第四节　理论和政策的无能

对于这次关系到资本主义生死存亡的危机和萧条，当时的西方政治当局拿不出任何有效的对策来解决问题。他们之所以拿不出有效的对策，原因在于他们坚信传统西方经济学者广为传播的一个基本教条，即在一个无阻力的自由放任的资本主义社会，严重和长期的危机和萧条状况不可能出现。下一章将说明这一传统教条的理论根据；在这里，我们仅仅论述这一教条对当时的传统西方经济学者的影响。

既然认为危机和萧条不可能出现，那么西方学者就找不到它们存在的真正原因，因而提不出有效的解决方案。对于 1929 年的危机

---

① 奥威尔．通往威根码头之路．伦敦：马里纳出版社，1972：29.

和萧条，他们只能用信心和阻力加以解释。按照他们的解释，在1929年，人们对市场经济的信心突然发生悲观的转变，而这种悲观的情绪造成了股市崩溃，以致价格、生产、利润等经济事物持续下降，从而形成危机和萧条。针对这种原因，解决的办法是鼓舞士气，形成乐观的气氛。例如，在美国，以提出交换方程和指数理论而赢得极大声誉的传统经济学家费雪在1929年股市崩溃以前还预期股市的持续繁荣。那时，他断言："股票价格似乎已经到达了一个永不减退的高峰。"① 在股市崩溃后的一个月，他说道："那主要是由于心理恐慌所造成的，而不是由于过高的股市……群众的恐慌心理导致了股市的下跌，而下跌的心理导致进一步的下跌。"② 危机发生一年之后，为了走出困境，激发群众乐观的情绪，由哈佛大学经济学教授组成的哈佛经济学会随着危机和萧条状态的日益恶化，发布了持续乐观的预测。危机发生两个月之后，该学会断言："萧条状态似乎不大可能存在；我们期望经济复苏在春季出现，并且在秋季进一步得以改善。"③ 即使到危机持续恶化了一年以后的1930年10月，该学会还说："经济稳定在目前的状态而不下滑显然是可能的。"④

被传统学者认为导致危机和萧条的另一个原因是"阻力"。"阻力"是指对经济自由运行的人为的阻挠，而工会组织又被认为是一个重要的阻力，因为它可以阻挠工资的下降，从而妨碍经济的自由运行。按照这种说法，工会组织所造成的工资过高是导致危机的一

① 加尔布雷斯．1929年的大崩溃：第3版．纽约：休顿·米福林公司，1972：75.

② 同①151.

③④ 同①150.

个原因，因此，解决危机和萧条的办法便是削减工资。例如，继承马歇尔在剑桥大学教授职位的庇古教授，在1931年向英国的麦克米伦委员会建议用削减工资的办法来解决当时严重的萧条和失业问题。[①] 在当时的英国，失业率大致为14%，大量的工人濒于饥饿状态。处于如此状态之下，类似庇古教授等西方经济学者居然能提出削减工资的解决失业问题的办法，我们姑且不去谈论这些经济学者的冷漠的良心，在这里至少可以看出他们信奉传统经济学教条的程度。

通过西方学者的传播，当时主要西方国家的领导人也大都信奉传统西方经济学的教条，美国总统胡佛便是一个坚定的信奉者。作为一个坚定的信奉者，胡佛对当时的危机和萧条理所当然地采取国家不加干预的政策，以避免干预造成妨碍经济自由的“阻力”。他所能做的仅仅是鼓舞乐观的情绪。为此，他提出了在今天还被人们讥讽的口号——“繁荣正在街角的地方拐弯”，意思是说，繁荣即将出现在人们的面前。胡佛也定期或不定期地召集各界，特别是金融界和企业界的头面人物开一些沟通信息和制造乐观气氛的会议。

除了鼓舞士气以外，胡佛还实施了减税政策。[②] 根据这一政策，年收入为10 000美元、5 000美元和4 000美元的人的纳税额顺次从120美元、16.88美元和5.63美元下降到65美元、5.63美元和1.88美元。可以看到，这种减税政策不过是杯水车薪，无济于事。首先，处于危机和萧条时期，许多人根本没有收入，更谈不上纳税。其次，即使对有收入的人而言，减税所导致的微小差别不会造

① 克莱因．凯恩斯的革命．伦敦：麦克米伦出版社，1947：46.

② 加尔布雷斯．1929年的大崩溃：第3版．纽约：休顿·米福林公司，1972：142.

成实质性的影响。胡佛总统在咒骂声中下台是不足为奇的事。

某些国家的领导人甚至采取了加重危机和萧条的政策。[①] 在德国，德意志银行执行了限制信贷和提高利息率的政策；布吕宁政府则削减公共开支并且大幅增税和削减工资。英国削减了失业津贴和尽量执行收缩通货的政策。

总之，面临资本主义生死存亡的巨大危机和萧条，受到西方经济学传统教条的束缚，西方国家提不出解决问题的对策。

第五节 拯救资本主义的著作

关于传统西方经济学的教条，下一章即将进一步加以说明。本章的内容可以使我们看到《通论》的重要性。在资本主义处于灭顶之灾而又缺乏对策的时候，凯恩斯在《通论》中对灾难的原因作出了解释并且提出了解除灾难的方案。但正如我们在以后所要看到的那样，他作出的解释和提出的方案都不伤及资本主义本身并在资本主义所容许的范围以内。英国著名经济学家罗宾逊指出："凯恩斯是在力求找出这一制度的毛病所在，以便使它不至毁灭自己。"[②] 因此，《通论》被公认为是一本拯救资本主义的著作，而凯恩斯则被公认为是资本主义的"救世主"。由此可见，《通论》的广泛流传及凯恩斯成为 20 世纪最重要的西方经济学家都是意料之中的事情。

---

① 奇波拉．欧洲经济史：第 5 卷下册．林尔蔚，译．北京：商务印书馆，1988：54－55.

② 罗宾逊．马克思、马歇尔和凯恩斯．北京大学经济系资料室，译．北京：商务印书馆，1963：14.

第三章　凯恩斯的学术背景

我们已经说过，凯恩斯在《通论》的序言中明确指出，《通论》是为西方经济学者们而撰写的。这就是说，他假设该书的读者已经具备了当时西方经济学的有关知识。因此，对于缺乏这一方面知识的读者而言，阅读《通论》会感到困难。此外，具备了当时西方经济学的有关知识可以使读者较容易地看出凯恩斯的理论和在他以前的学说的异同。了解这些异同之后，读者可以较确切地对《通论》的重要性作出评价。鉴于这些原因，本章介绍《通论》出版以前传统西方经济学的一些学说。

西方经济学几乎涵盖了西方全部的经济事物和现象，本章介绍的内容仅限于其中涉及《通论》的部分。上文中所说的“有关知识”即指涉及《通论》论点的部分。

第一节　萨伊定律

第二章的内容表明，在凯恩斯生活的前一段时期，资本主义处于相对稳定发展的阶段，而相对稳定的发展使当时的西方学者对资本主义采取比较乐观的看法。这就是说，对资本主义的各种事物，传统的西方经济学总是从良好的方面加以解释，用英国著名经济学家罗宾逊的话来说，就是把资本主义制度“说得可爱，使它能为人们接受”[①]，由于这一原因，对于经济危机，传统的经济学者使用了萨伊定律加以辩解。

让·巴蒂斯塔·萨伊是法国经济学家。他于1803年出版了《政治经济学概论》一书。虽然该书被认为是对亚当·斯密《国富论》的法文阐述，然而，它却发展了斯密不正确的说法，并且在很大程度上夹杂了自己的错误论点。他的错误论点之一便是被以后的西方学者称为萨伊定律的销售论。

什么是萨伊定律？西方学者最简单的解释是：供给创造自己的需求。用萨伊自己的话来说：“单单一种产品的生产，就给其他的产品开辟了销路。”[②] 他的意思是：生产者进行生产的目的（除了自己使用的部分外），是为了拿自己的产品和其他生产者进行交换，以便得到他自己需要的东西，正像农民把多余的粮食拿到集市去交换日用品那样。当然，萨伊知道，粮食和日用品往往并不是直接交换的，而是通过货币进行的，即农民先把粮食换成钱，再用钱来购买日用品。然而，按照萨伊的说法，这一点并不会造成问题，因为“在以产品换钱，钱换产品的两道交换过程中，货币只在一瞬间起作用。当交易最后结束时，我们将发觉交易总是以一种货物交换另一种货物。”[③] 萨伊用这种事例来表明：只要社会上存在着一种供给（在这里为粮食），就会自动地存在着一种相应的需求（在这里为农

① 罗宾逊．马克思、马歇尔和凯恩斯．北京大学经济系资料室，译．北京：商务印书馆，1963：14.

② 萨伊．政治经济学概论．陈福生，陈振骅，译．北京：商务印书馆，1963：144.

③ 同②144.

民所需要的日用品)。换言之，粮食的供给会创造出相应于自己对日用品的需求。因此，按照萨伊把这一事例普遍化的说法，社会上一切产品都能被卖掉，从而不会出现生产过剩的现象。不仅如此，据说由于每个生产者都想享用品种最多和数量最大的物品，所以每个生产者都尽量制造出最大数量的产品和别人交换。这就是说，社会不但没有生产过剩的现象，而且还能使生产达到最高的水平，即达到充分就业的状态。很显然，萨伊定律所描述的现象只能存在于一个物物交换的社会，根本与资本主义社会无关。

然而，在凯恩斯生活的前一段时期中，为了从良好的方面来解释资本主义，他的父辈们仍然用萨伊定律来否定资本主义生产过剩的危机的存在。例如，凯恩斯的老师，当时居于传统经济学统治地位的剑桥大学教授马歇尔同意穆勒对萨伊定律的表述。马歇尔在他的流行于全世界的西方经济学教科书《经济学原理》中写道："正如穆勒所说的那样，'偿付商品的手段就是商品。每一个人偿付给别人产品的手段是他自己所持有的产品。因此，一切的卖者同时也是买者'。"①

上文中所引用的是萨伊定律最简单的表述方式。这种方式仅能适用于物物交换的社会，而当时的西方学者所面临的是一个高度商品化、使用雇用劳动和进行资本积累的资本主义社会。这两种社会的差别是显而易见的，也是为西方学者所承认的。虽然如此，西方学者仍然认为，适用于前一种社会的萨伊定律同样适用于后者。为了说明这一点，传统的西方学者使用了三种相互关联的理论，即就

① 马歇尔．经济学原理：8版．伦敦：麦克米伦出版社，1949：710.

业论、利息论和货币数量论。下面三节将顺次对这三种理论加以论述。

第二节 就业论

按照传统的西方学者的说法，就业量的大小取决于两种因素的共同作用，即对劳动的需求和劳动的供给，这种就业论也被称为传统的劳动市场论或工资论。为了说明这一点，可以考察图 3－1。

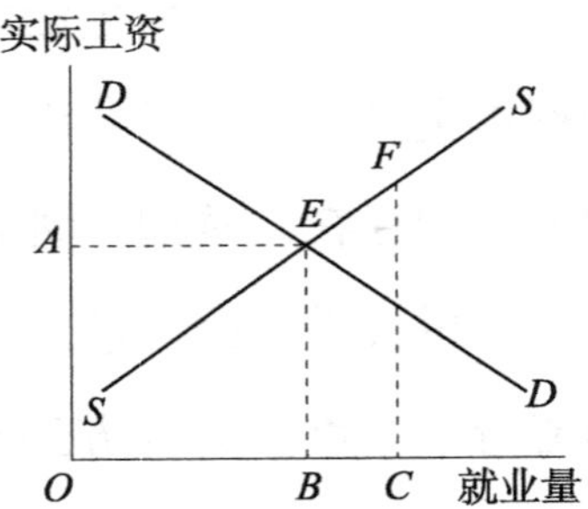

图 3－1 对劳动的需求和供给共同决定就业量

图 3－1 的横轴和纵轴顺次代表就业量和实际工资的多寡。西方学者认为，资本家之所以要雇用劳动者是因为劳动所取得的成果，这种劳动成果被西方学者称为劳动的边际生产率，即劳动给资本家带来的利益。同时，在雇用劳动者时，资本家必须支付工资，以工资所能购买到的实物量来表示的工资被称为实际工资，它代表资本家由于雇用劳动者所必须支付的代价。因此，只有在劳动的边际生产率（给资本家带来的利益）至少与实际工资（资本家所支付的代价）相等时，资本家才会雇用一定数量的劳动量。按照西方学者的说法，由于收益递减规律的作用，劳动的边际生产率会随着劳动量的增加而持续降低，因此，资本家支付的实际工资会随着雇用劳动量的增加而持续降低。图 3－1 中的 *DD* 线所表示的就是这种情况。*DD* 线被称为劳动的需求曲线。

西方学者认为，劳动者出卖劳动的原因是为了获得实际工资（给劳动者带来的利益），但是，他也必须为此付出代价，即劳动时的辛苦和受累。这种辛苦和受累被称为劳动的边际负效用。对劳动者而言，只有当实际工资至少等于（能补偿）劳动的边际负效用时，他才愿意出卖劳动，图 3－1 中的 *SS* 线所表示的就是这种情况。*SS* 线被称为劳动的供给曲线。

根据以上说明，只有在 *E* 点（*DD* 与 *SS* 的相交点），劳动的供给量和劳动的需求量才相等。因为，在 *E* 点，二者都等于 *OA*，而二者都等于 *OA* 意味着实际工资一方面等于（可以补偿）劳动的边际负效用，另一方面又等于劳动的边际生产率，即劳动给资本家带来的利益。相应于 *E* 点的劳动量为 *OB*，*OB* 即为整个社会的就业量。

按照西方传统学者的说法，*OB* 不但表示社会的就业量，还代表社会的充分就业量。因为按照他们的定义，充分就业并不指一切能够劳动的人都已就业的情况，而是指一切愿意为现行工资（即图 3－1 的 *OA*）而出卖劳动的人都已就业（即图 3－1 中的 *OB*）便算是充分就业。他们认为，*E* 点所表示的正是这种情况。

传统的西方学者承认，在 *E* 点所代表的充分就业的情况下，还存在着两种类型的失业。第一种类型被称为摩擦失业，即由于转业、迁居等原因而暂时失业。第二种类型被称为自愿失业，即嫌现行工资太低，低到不足以补偿他们的劳动的边际负效用，从而不肯“为五斗米而折腰”，以致失业。自愿失业的人群可以由图 3－1中的 *BC* 表示出来。读者可以看到，凡是属于 *BC* 中的人，他的边际负效用均高于 *BE*（实际工资）所能补偿的边际负效用，如 *CF*。

根据以上论述的就业论，传统的西方学者得到了他们的结论，即资本主义不会出现长期存在的失业问题，因为既然一切愿意接受现行工资的人都已就业，那么，未能就业的人只能属于摩擦失业或自愿失业的类型。前者是由于转业、迁居等原因所造成的暂时现象，而转业、迁居又是任何经济制度都必然出现的事物，从而与资本主义制度无关。后者的原因在于劳动者劳动的边际负效用太大，即过分的懒惰或好逸恶劳，以致不能从现行的工资中得到足够补偿，从而，自愿失业是咎由自取，也与资本主义制度无关。总之，传统西方经济学的就业论企图说明：即使在雇用劳动存在的情况下，萨伊定律仍然有效。

第三节　利息论

萨伊定律所指的是物物交换的情况。如果用一物所换取到的另一物不被用于消费，而被用于投资，那么，萨伊定律是否仍然有效？对此，传统西方学者的答案是肯定的。为了说明这一点，他们提出了利息论。

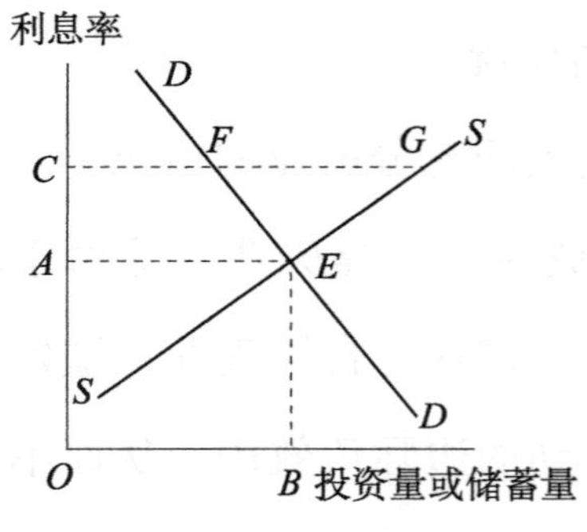

图 3-2　利息率的决定

在利息论中，传统的西方学者认为，利息率的高低取决于投资的需求和供给，如图 3－2 所示。

在图 3－2 中，*DD* 代表投资曲线。该曲线表明：利息率（投资所支付的代价）越高，投资量越小；反之，则越大。因此，*DD* 向右下方倾斜。*SS* 代表投资的供给，即代表一个社会的储蓄量，因为用于投资的款项最终必来源于储蓄。利息率（储蓄带来的收益）越高，储蓄量越大；反之，则越小。因此，*SS* 向右上方倾斜。*DD* 和 *SS* 相交于 *E* 点。在 *E* 点，投资者为了进行一定量的投资而愿意支付的利息率（投资的代价）正好等于人们为了获取利息率（储蓄的收益）而愿意提供的储蓄量。此时，利息率为 *OA*；投资量等于储蓄量，它们都等于 *OB*。

然而，在一个社会中，投资和储蓄的行为是由不同的人进行的。某些人进行投资，某些人进行储蓄，而某些人可以同时进行投资和储蓄。在如此情况下，如何能保证投资量和储蓄量相等？传统的西方学者认为，利息率的变动可以做到这一点。他们声称，如果出现图 3-2 中所表示的储蓄大于投资的情况，即该图中 *CG* 大于 *CF* 的情况，那么，由于储蓄者找不到足够的投资者，储蓄的收益 *OC*（或储蓄的价格）即利息率便会降低，一直降低到 *OA* 的水平，使储蓄等于投资时为止。读者可以自行设想储蓄小于投资的情况。在这种情况出现时，利息率便会自动上升，使储蓄和投资再度相等。所有这一切表明，通过利息率的自动下降和上升，社会的储蓄量总是和它的投资量相等。

运用上述利息论，传统的西方经济学企图说明，在储蓄和投资存在的资本主义社会，萨伊定律仍然适用，因为根据利息论，储蓄会创造出自己的需求。就本章第一节农民用多余的粮食来换取日用品的例子来说，即使该农民不把多余的粮食用于换取日用品，而是把它储蓄起来，那么，社会上的另一些人（投资者）也会将这些粮食当作工资来支付给修筑堤坝的工人（即进行堤坝投资）。

第四节　货币数量论

本章第三节的内容表明：人们的储蓄量必须和他们的投资量相等。这一结论意味着人们必须把他们的储蓄全部用于投资。为什么如此？传统的西方经济学使用货币数量论来加以说明。

货币数量论在西方由来已久，休谟、斯密、李嘉图等都支持货币数量论。到了凯恩斯生活的年代，该理论存在着意思大致相同的两种表达形式：一种为美国费雪教授的交换方程，另一种是剑桥大学的现款存量说。由于后者比较容易和凯恩斯自己的货币学说相对照，我们在这里以后者作为当时的货币数量论的代表。现款存量说可以用下列公式表达出来：

$$M=\rho PY \tag{3.1}$$

式（3.1）中的M是一个社会全部居民（包括企业）所持有的现款（货币）量的总和；P为该社会的价格水平，用价格指数加以表示；Y为该社会的实际国民收入；ρ为一个常数，其数值取决于该社会的风俗习惯和经济运行的情况。

式（3.1）企图说明，为什么一个社会的居民总是把他们收入的一部分以现款（货币）的形式保留在手中。假设$Y=100$亿元，$P=1.2$，$\rho=\frac{1}{10}$，那么，$M=12$亿元。这就是说，该社会居民把他们货币收入的$\frac{1}{10}$以现款的形式持有在手中。

为什么该社会的居民把他们收入的一定比例保持在手中？对此，凯恩斯的老师马歇尔解释道："人们需要货币主要并不是为了货币本身，而是为了使他们能以便利的方式持有随时能使用的一般购买力。"①

既然如此，他们应该持有多少这种货币形式的一般购买力？对此，马歇尔又写道："在社会的任何情况下，人们都认为，有必要把他们收入的一个比例部分以现款（货币）的形式保存在手中。这一比例可以是五分之一，或十分之一，或二十分之一。较大比例的存放在手中的现款可以使他们在进行经济活动时更加容易、更加方便，以及更加处于有利的地位。但是，与此同时，这样做又使他们把收入置于无利可图的地步。如果他们把这笔钱用于购买一件家具，那么，他们可以得到更多的乐趣；如果将其用于机器或畜牧方面的投资，他们则可以获得更多的货币收入。"②

由此可见，根据传统西方学者的说法，人们需要在手中存放一定量的货币仅仅是为了它的一般购买力，从而能使交易更加方便地进行。换言之，货币只能起着交易媒介的作用。因此，"合乎理性"的人，即寻求最大利益的人，不会在手中存放多余的货币。因为这种货币既不会给他带来由于购买消费品而得到的效用（享受），也不会给他带来由于进行投资而得到的收益。这就是说，人们把销售产品时得到的货币不是用于消费，便是用于投资，或者对二者同时进行。换言之，即使在使用货币的情况下，萨伊定律所指的供给创

① 马歇尔．货币、信用和商业．伦敦：麦克米伦出版社，1924：38.

② 同①45.

造自己的需求的说法依然适用。

第五节　必备的知识

《导读》第一章第二节提出了《通论》难于被读懂的三个原因，其中第一个原因为：《通论》的阅读对象是当时的西方经济学者，它假设读者已经具备了传统西方经济学的有关知识。由于读者一般不具备这种知识，所以他们在阅读《通论》时感到困难。为了解决这一困难，本章第一节介绍的萨伊定律及其后三节说明的对萨伊定律的补充解释向读者提供了理解《通论》必须具备的传统西方经济学的有关知识。

本章也向读者展示了《通论》难于被读懂的第二个原因，即《通论》进行争辩的特点。为了论证资本主义可以存在危机和大量失业的现象，凯恩斯必须一方面推翻萨伊定律普遍适用的说法；另一方面又要建立起与之相应的学说，即必须进行争辩。这种争辩使传统西方经济学和凯恩斯自己的学说交织在一起，从而造成阅读的困难。

此外，本章可以使读者看出《通论》书名的意义所在。凯恩斯与传统学者争论的焦点在于本章第一节萨伊定律的普遍适用性，因此，争论涉及的领域必然在于本章第二、三和四节的就业论、利息论和货币数量论。由于凯恩斯认为，传统学者所论证的萨伊定律仅适用于特殊情况，而他自己的理论具有普遍适用的性质，所以其书名被定为《就业、利息和货币通论》。

第四章　凯恩斯的个人背景

《通论》之所以能打破传统西方经济学的束缚而又能在世界范围内为人们所接受，其原因当然是多方面的。其中的原因之一与凯恩斯的个人特点有关。为了理解这一方面的原因，我们有必要对凯恩斯的个人背景加以论述。

第一节　出身与学历

凯恩斯出身于高级知识分子家庭，为长子，有弟妹各一人。他的父亲曾任教于剑桥大学并任该校的注册主任，其著作有《政治经济学的范围和方法》，该书直到今天仍有一定的阅读价值。他的母亲曾担任剑桥市市长，妇女为公职人员在当时并不多见。他的妹妹因从事慈善事业而获得荣誉，妹夫为教授并获得诺贝尔生理学奖。[①] 他的弟弟是医生，为剑桥大学潘布洛克学院荣誉院士，因其功勋而被册封为爵士。从知识和学术上的成就来看，凯恩斯出身于门无白丁、功名显赫的家庭。与这一家庭交往的人很多是当时的高级知识分子，其中有道德哲学和经济学家西奇威克。他对凯恩斯少年时期

① 米罗·凯恩斯．关于约翰·梅纳德·凯恩斯的论文集．伦敦：剑桥大学出版社，1975：31.

的思想形成产生了一定的作用。

凯恩斯出身的家庭属于英国的中产阶级，生活舒适，但并不富裕。他之所以能受到富裕和贵族子弟才能享受得起的教育，得益于奖学金的资助。他进入的中学是上层社会子弟必经学校之一的伊顿公学，其后又进入剑桥大学的国王学院。二者之所以能成为事实都是由于他所获得的奖学金。在剑桥，他的主攻方向是数学，并被接纳为由部分教学人员和本科学生组成的“倡导”学会成员。当时的本科学生会员包括以后获得诺贝尔哲学奖的罗素等人，教学人员中的会员则有哲学家摩尔。摩尔对维多利亚女王时代的半封建和半资本主义的人生观和价值观采取讥讽的态度。他认为，人生于世并无任何意义，只有美和人与人之间的关系才是值得追求的东西。这种态度不仅影响了“倡导”学会，而且也对凯恩斯以后参加的“布鲁姆斯沙龙”产生了影响。作为本科生的凯恩斯交游广泛，关心社会经济问题。在他毕业的1905年，即被推选为剑桥学会会长并以第12名的名次获得荣誉生学位。

毕业后，由于想通过英国公务员考试，凯恩斯跟随传统西方经济学居于统治地位的人物——马歇尔学习经济学，并且深为后者所赏识。关于这一点，凯恩斯在他以后编辑的《剑桥经济学手册丛书》（简称《丛书》）的序言中写道：“即使在原则性的问题上，学者们也没有完全一致的意见。一般来说，这套丛书的作者们认为，他们自己是剑桥学派的正统。总而言之，他们对于问题的主要见解，甚至于他们的偏见，可以归之于他们从两位经济学家的著作和讲授中得到的教益。50年以来，这两位对剑桥思想起主要影响的经济学家便是马歇尔博士和庇古教授。”[①] 而庇古教授又是马歇尔教授职位的继承人。

1906 年，凯恩斯成功地通过了英国公务员考试，但经济学的考分最低，据说其原因在于阅卷者对经济学不甚了解。通过这次考试，凯恩斯进入了英国的印度事务局，由此结束了他的学习阶段。

本节表明：凯恩斯的出身和学历使他成为具有双重气质的人。一方面，显赫的出身和学历使他成为英国上流社会的一员。他留恋上流社会舒适的生活、浓厚的文化气氛、令人崇敬的高贵礼仪，如此等等。另一方面，这又使他看透了这一社会的虚伪、浮华、墨守成规和不思进取。我们将会看到，这种双重气质不时在《通论》的字里行间表现出来。

第二节 职业经历和著作

凯恩斯在印度事务局任职两年，其间，除了分内的工作以外，他完成了两本著作：一本为《印度的通货与财政》，对印度的金融状况作了论述；另一本是《概率论》，该书是凯恩斯为了取得国王学院院士职位而呈交的论文，虽与经济学的关系不大，却为概率提供了一个逻辑上的基础，从而受到哲学界的重视。

1908 年，凯恩斯回到剑桥任教，讲授“货币”课程。为了促使他回校任教，马歇尔从个人收入中每年为凯恩斯提供 100 英镑的津

---

① 罗伯逊．货币//剑桥经济学手册丛书（增订本）．伦敦：彼德曼出版社，1948：第 vi 页．

贴。以当时英镑的购买力而论，这是一笔不小的贴补。回到剑桥后，他于1911年开始兼任英国学术上最权威的《经济学杂志》的主编和英国皇家经济学会秘书长，一直到他去世的前一年（1945）为止。

1915年，由于第一次世界大战，凯恩斯进入英国财政部，参加战时财务工作。在该部，他晋升很快，以至在1919年，他被任命为英国财政部驻巴黎和会代表。任职不久，他因意见不被采纳而辞职，并以飞快的速度写成《和平的经济后果》一书，阐明他对和约的见解。他认为，和约迫使德国支付巨额的赔款，而又对它的经济施加种种限制。由于德国是欧洲各国经济顺利运行的一个重要环节，所以和约不但有害于欧洲经济而且使德国不可能如期支付巨额赔款。这一在当时成为热门话题的见解再加上对巴黎和会三巨头（英国的劳合·乔治、法国的克列孟梭和美国的威尔逊）的生动描述，使得该书大为畅销。而凯恩斯则一举成名，甚至连远在苏联的列宁也对该书加以评论。[①]

自此以后，凯恩斯把相当多的时间用于在伦敦进行新闻评论和金融投机上，仅于每周的周末回到剑桥从事教学。金融投机使他成为富翁，他留下的遗产约为50万英镑，折合成现在购买力的货币，约在1 000万美元之上。这样，他和李嘉图都由于金融投机而成为最富有的经济学家。

1923年，凯恩斯的《货币改革论》[②]一书出版。在该书中，他

---

① 列宁．关于国际形势和共产国际基本任务的报告（7月19日）//列宁选集：第4卷，北京：人民出版社，1995：257－274.

② 凯恩斯．货币改革论．伦敦：麦克米伦出版社，1923.

根据传统的货币数量论，得出结论：国家必须执行货币政策来驾驭经济的运行，但驾驭的目的不是像《通论》所主张的那样，去稳定就业量和国民收入，而是像当时许多传统学者所赞同的那样，去稳定物价。

《货币改革论》出版以后，凯恩斯发表的几篇短文充分显示了他的立场和世界观。

在1925年发表的《对俄国的简短考察》里，他把马克思主义污蔑为“一册陈腐的经济学教本……不但在科学上是错误的，而且与现代世界已经没有关系或不相适应”。他接着说：“像这样一个学说，我怎么能接受呢？它认为可取的倒是河底的淤泥，而不是河里的鱼虾，它把粗鄙的无产阶级捧起来，抬高到资产阶级和知识分子之上。后两者不管有什么缺点，总是生灵中的精粹，人世中一切进步的种子，当然是要靠他们来传播的。”①

因此，他在同一年发表的《我是不是一个自由党员？》一文中宣称：“在阶级斗争中会发现我是站在有教养的资产阶级一边的。”②虽然他把共产主义看成是一种“宗教”，但是，他还是承认，这种信仰并不带有迷信色彩，而且是为了“普通老百姓”并且具有献身的精神，从而使人感到鼓舞。③

在1926年发表的《自由放任的终结》中，凯恩斯承认，“自由放任赖以存在的”理论基础并不存在。“个人在进行经济活动时并不持有法定的‘天赋自由’，也没有一个‘法定契约’来使人们永

① 凯恩斯．对俄国的简短考察//劝说集．伦敦：麦克米伦出版社，1931：300.
② 同①324.
③ 同①297-311.

远占有并取得财产。在世界之上，并不存在一个主宰，能保证私人利益总是和社会利益相一致，而现实世界的实践表明，二者并不总是一致的。从经济学的原理中并不能得出结论，认为开明的个人利益会产生社会利益；更经常的情况则是：为了自己的利益而自行其是的个人由于见识短浅和力量微弱，甚至获取不到个人自己的利益。经验表明：集体行动的个人，其思想并不比各自行动的个人的思想更不清楚。”①

既然缺乏理论上的根据，凯恩斯认为，只能从实践的结果来判明自由放任的是非，而实践表明，自由放任已经不完全适用。因此，“在欧洲或者至少在欧洲的某些地区……暗中存在着一种相当广泛的反对意见，反对像我们现在所做的那样，纯然把支持、鼓励和保护个人追求金钱的动机当作社会基础。”② 虽然他并不完全同意这种看法，但他建议，国家应该管理自由放任的资本主义，以便提高这一社会的效率。

1929 年，英国的政治巨头劳合·乔治提出了用国家投资于公共工程的办法来解决失业问题的方案。对于这一方案，凯恩斯和另一人写了一本名为《劳合·乔治能做到吗?》的小册子加以支持。在这本小册子中，凯恩斯显然碰到了理论上的困难。按照传统的西方经济学，国家投资仅仅能代替私人投资，因此并不能靠增加总投资量来解决失业问题，而凯恩斯的论敌恰恰利用这个教条来反对劳合·乔治的方案。对论敌的观点，凯恩斯无法予以正面的反驳，他

---

① 凯恩斯．自由放任的终结//劝说集．伦敦：麦克米伦出版社，1931：312.

② 同①320.

只能使用旁敲侧击的办法。例如，他宣称，国家用于公共工程的投资可以带动相关行业的繁荣，国家的投资可以为一部分私人储蓄提供新的投资渠道等。然而，缺乏一个有力的理论根据仍然是这本小册子的一个重大缺陷。

1930年，他的《货币论》[①] 出版。由于在当时，凯恩斯已被认为是货币领域的权威之一，所以由上下两卷组成的《货币论》在出版前已经受到学术界的关注。尽管如此，该书并没有惊人之笔。它的最大贡献在于根据传统的货币数量论来进一步说明，利息率的高低可以影响货币的需求量，从而引起价格的波动和商业周期。因此，要想稳定经济活动的波动，国家必须执行相应的利息率和信用的政策。

1931年1月，在一篇广播演讲中，凯恩斯承认，资本主义世界正处于空前严重的大萧条之中，1/4的英国、德国和美国的产业工人都处于失业状态，这还没有把破产了的农民计算在内。百业凋零给人们带来了前所未有的苦难。尽管如此，为了避免广大群众对资本主义丧失信心，他说道："对前途要有信心，我们现在如同一个青年，由于发育过速而患了神经痛，并不是处于精力衰退的年迈时期，患了无可救药的风湿症。"[②] 他号召英国人采取行动来解决问题。

凯恩斯在演讲中提出两个解决问题的办法。第一，消费者，特别是家庭妇女，应该利用萧条时期的物价低廉来尽量多地购买物品，因为只有购买物品才能促使厂商进行生产，从而增加就业。按照他的估计，每购买5先令[*] 的物品便可以使一名劳动者就业一天。

---

① 凯恩斯．货币论．伦敦：麦克米伦出版社，1930.

② 凯恩斯．储蓄与支出//劝说集．伦敦：麦克米伦出版社，1931：156.

* 先令为当时英国的一种货币单位，12先令=1英镑。

第二，各级政府都要兴办公共工程，如修建道路等，以便提供就业机会。

凯恩斯在1933年发表的《走向繁荣之路》[①] 中继续鼓吹国家投资于公共工程的必要性。为了强调国家投资在解决失业问题上所取得的效果，他使用了他在剑桥大学的同事卡恩于1931年发表的一篇关于乘数论的文章。他认为，英国的乘数为2，也就是说，英国政府每投资1元，在解决失业问题上所能收到的效果要2倍于1元。

1935年，在致萧伯纳的信中，凯恩斯说他“写了一本关于经济学说的书”，而这本书[*]将要击毁“马克思主义的李嘉图的基础”[②]。凯恩斯的这句话表明他对马克思主义的知识的贫乏。因为《通论》所涉及的主要是危机和失业问题，而恰恰在这一方面，马克思和李嘉图是完全对立的。后者相信萨伊定律，而前者则对该定律作了迄今为止最彻底的批判。关于这一点，《导读》第十五章将加以说明。

1936年，《通论》出版。在此以后，他没有作出较重大的理论贡献。

凯恩斯的职业生涯和著作告诉我们，在经济理论上，他学习并信奉传统的西方经济学；然而，在解决经济问题的方案上，他持有不同于传统教条的国家干预经济的观点。但是，由于受到传统教条的束缚，他无法对他解决问题的方案进行理论上的说明。因为缺乏理论根据，他只能采取“劝说”的办法，从而使他的方案往往遭到

---

① 凯恩斯．走向繁荣之路．泰晤士报，1933－03－13.

② 哈罗德．凯恩斯传．伦敦：麦克米伦出版社，1951：462.

* 即《通论》。

冷遇，不为当局所采纳。他在《劝说集》的序言中把自己比作希腊神话里的卡珊德拉公主。这位公主能够作出正确的预言，却无法使人相信她。为了改变这种状态，凯恩斯必须摆脱传统的说法并且提供所需要的理论根据，而《通论》所做的正是如此。在该书的序言中，他写道："对作者而言，写作本书是一个长期的挣扎过程，以求规避传统的思想和说法。如果作者对这些思想和说法的攻击是成功的，那么，大多数读者在阅读本书时，也会有同感。本书以如此复杂的方式所表达的思想却是很简单的。困难之处并不在于新思想，而在于旧学说。这些旧学说，对于我们这些大多数受其哺育而成长起来的人而言，已经深入到头脑中的每一个角落。"[第 3～4 页]

本书第二章表明，把资本主义从危机和萧条中拯救出来的经济理论是当时普遍存在于西方社会的需要。既然存在着这种需要，就必然会出现一些学者来提出满足这种需要的理论。例如，早在 1933 年，波兰经济学家卡莱茨基就提出了类似于凯恩斯的理论，却没有受到重视。[①] 在这些理论中，为什么偏偏凯恩斯的《通论》能被西方社会所接受并得到广泛的流传？在本章下一节中，我们可以找到问题的答案。

第三节　性格特点

凯恩斯一生繁忙，过着多姿多彩的生活，他企图从生命的过程中榨取出更多被他认为是有价值的东西。他曾说过，他宁可被磨损

---

① 贝克豪斯．现代经济分析史．牛津：勃拉克威尔公司，1985：324.

掉，也不愿因锈蚀而缓慢地消亡。事实也确实如此，他在 62 岁那年，先于他的父母去世也可能与此有关。

除了学术生涯以外，他经营着一家投资公司、一家保险公司、一家艺术演出团并进行金融投机。在投机中，他不仅为他自己，而且，由于他兼任剑桥大学国王学院的财务总监，也为他的学院赚取了大量金钱。

在这些商业活动之上，他还担任英国财政大臣顾问团顾问、英格兰银行董事。1944 年，他率领英国代表团参加在布雷顿森林举行的会议，协助创立了在今天仍然发挥巨大作用的国际货币基金组织和世界银行。他在 1945 年又以英国代表团团长的身份参加英美贷款谈判，并获得巨额的美国贷款。

从凯恩斯繁忙的一生中，可以找出属于他个人方面的四个特点。这些特点使他能改写西方经济学，成为一个拯救资本主义的“救世主”，并在西方经济思想发展史中进行了一次被称为“凯恩斯革命”的变革。

他的第一个特点是行事务实。凯恩斯不是躲在“象牙塔”中专心致志于纯理论研究的人物。当时西方经济理论的研究目的在于寻找长期均衡。所谓长期均衡就是经济事物最终会达到的状态。这里所指的“最终”虽然没有人能确切规定它的时间跨度，但它至少含有数年甚至数十年之久的意思。

对于这种长期状态的追求，凯恩斯认为意义不大。他曾说过一句著名的话：“在长期中，我们都会死去”。意思是说，既然到了那时，人们都会死掉，那么，经济事物的长期均衡状态又有什么实质性的意义呢？他也曾用一个事例来表达同一种想法。他说，如果一条航船遇到了惊风骇浪，而此时，人们不去寻求避免倾覆的办法，却在那里叫喊，在长期中，大海最终会风平浪静的，那么，你对这些人有何看法？

凯恩斯不但很少研究长期均衡，而且也不太热衷于纯理论的研究。他的著作为数众多，但真正涉及纯理论的，除了《通论》以外，只有本章第二节提到的《货币改革论》和《货币论》两部。即使以这两部书而论，它们也是针对现实问题的解答，绝非虚无缥缈的纯理论的探讨。

他的行事务实的特点使他写出了被公认为用短期均衡来解决资本主义当时所面临的危机和萧条问题的著作，即《通论》。

凯恩斯的第二个特点是思想多变。随着客观情况的变化，他提出的见解会有很大差异。当时西方社会流传的一则笑话说，如果有两个经济学家对一个问题提出三种意见，那么，其中的两个必定来自凯恩斯。不仅如此，有的时候，他会提出方向迥然相反的意见。例如，在 1923 年，他说："解决失业问题是贸易保护主义谬论的最大和最粗浅的形式。"① 然而，到了 1931 年，他为了解决失业问题，反而建议英国施加保护性的关税。②

正是思想多变的特点使凯恩斯写出了与传统的就业论相决裂的《通论》。

凯恩斯的第三个特点是态度开明。虽然凯恩斯属于西方社会

---

① 克莱因．凯恩斯的革命．伦敦：麦克米伦出版社，1947：11.

② 迪拉德．约翰·梅纳德·凯恩斯的经济学．恩格尔伍德：普伦蒂斯·霍尔公司，1948：314－315. 凯恩斯．劝说集．伦敦：麦克米伦出版社，1931：271－280.

的统治集团，但是，和统治集团中一般人物相比，他还是比较开明的。对资本主义的思想形态，他并不十分满意；对上层集团人物的傲慢自大和游手好闲，他也并不完全赞同。例如，上文中已经指出，他公开宣称，对财富的追求和财富继承都不是天赋的人权。他和白俄罗斯的舞蹈演员结婚，以致在长时期中，这种门第悬殊的婚姻不为英国上层集团所容纳。这一事实多少象征着凯恩斯对上层集团的藐视，这种藐视的态度也多少与《通论》反对传统的精神有关。

凯恩斯的第四个特点是地位崇高。这里所说的地位主要指学术地位。凯恩斯生活的大部分时间，英国处于"英旗无落日"的鼎盛时期。以国家实力，特别是就经济力量而论，英国居于世界霸主地位。由于这一原因，再加上马歇尔、庇古等教授的影响，剑桥经济学在经济学领域中执世界之牛耳，起着举足轻重的统治作用。马歇尔的《经济学原理》成为全世界使用的教科书。凯恩斯主编的《剑桥经济学手册丛书》也在全世界流行。该书的主要部分被翻译成为德文、西班牙文、意大利文、瑞典文、日文、波兰文和立陶宛文，其中的《货币》一册在1922年到1948年间重版了17次之多。英国著名经济学家罗宾逊夫人曾以简要的笔法描述了当时剑桥的统治地位："当我在1921年10月进入剑桥学习经济学时，马歇尔的《经济学原理》是圣经；除此以外，我们知之不多。杰文斯、古诺，甚至李嘉图都是在注释中出现的人物。我们听到过'帕累托定律'，但对瓦尔拉斯的一般均衡论一无所知。关于瑞典学派，只知道有卡塞尔，而美国只有欧文·费雪；对奥地利和德国的情况则根本无从谈起。马歇尔就是当时的经济学。”[①]

在影响巨大的剑桥学派中，凯恩斯是其中的领袖人物。无怪乎在《通论》出版以前，当各国学术界人士得知该书将要出版的消息时，都事先预订，以便先睹为快；而在《通论》出版之后，为之撰写书评的人都是经济学界的名流，如庇古、熊彼特、奈特、汉森等人。

一方面，由于凯恩斯具有比较开明的态度，所以他能正视资本主义的危机和萧条的弊端，并且提出他的解决方案，从而使《通论》具有实质性的内容。他在学术界的崇高地位不但使《通论》能以受人尊敬的语言说明它的内容，而且使人们以认真的态度阅读该书。这种结果是那时默默无闻的像上述波兰经济学家卡莱茨基那样的人物所做不到的。总之，从凯恩斯的个人特点中可以看到，为什么《通论》能够完成变革西方经济学的历史任务。

另一方面，凯恩斯的个人特点也可以说明《通论》的局限性。作为英国上层社会的一员，他留恋于资本主义的生活方式，而不愿意看到它的覆灭，力图使它继续存在下去。因此，《通论》作出的理论分析和提出的解决问题的方案都局限于资本主义所容许的范围以内。这种在资本主义所容许的范围内拯救资本主义的著作理所当然会受到西方统治集团的欢迎，《通论》之所以广泛流行于西方世界是可以理解的。

从凯恩斯的个人特点中，也可以了解为什么他对《通论》的写

---

① 克赖格尔．政治经济学的重建——后凯恩斯经济学引论：第2版．伦敦：麦克米伦出版社，1975：第ix页．

作使用了“随意写来”的手法，以致该书的章节安排稍显混乱，而其内容又有不少含糊不清之处。因为他的“短、平、快”的特点使他无法进行周密的思考和安排。此外，他崇高的学术地位也使他认为没有这样做的必要。他知道，不论他的写作是否清晰，总是会存在着大量而热心的读者。

第五章　对《通论》的概述

（《通论》第一编）

《通论》的第一编包含三章。在这三章中，凯恩斯在整体上或在一般性的意义上说明了《通论》的内容。

第一节　《通论》中“通”字的含义

（《通论》第一章）

《通论》的第一章只占有半页的篇幅。它简要说明了下列三个论点：

第一，《通论》书名中的“通”字是指传统经济学的就业论只适用于充分就业的情况，而《通论》中的就业论不仅适用于充分就业，而且适用于非充分就业的情况，如90%或80%的劳动者就业等。因此，“通”字含有一般或普遍适用的意思。

第二，由于资本主义现实中存在的往往是非充分就业的状态，而仅仅在偶然的情况下才出现充分就业，所以传统的就业论不过是《通论》的一个特殊事例。关于这一点，传统西方经济学的代表人物庇古教授，在他对《通论》的书评中以讽刺的语气写道：“凯恩斯先生认为他对经济学所做的正像爱因斯坦对物理学所做的那样，他提出了具有深远意义的一般性的理论。在这种理论之下，牛顿所得到的成果只是其中的一个特殊事例。”[①] 庇古又写道：“我们看到了一位神射手瞄准月亮射箭，不论我们对此人击中目标的能力持有何种态度，我们都欣赏这位射手的射箭艺术。”[②]

第三，凯恩斯把由亚当·斯密到庇古为止的所有西方正统的经济学家称为“古典学派”，而马克思所指的古典学派则结束于李嘉图，并不包括凯恩斯所指的约翰·穆勒、马歇尔、庇古等人。在目前西方经济学的文献中，从马歇尔、庇古开始，一直到现在的正统学者一概被称为“新古典学派”。为了避免混淆和行文的方便，本书把凯恩斯的“古典学派”称为“传统的西方学者”；并且仍然援用西方目前的做法，也把始于马歇尔一直到现在的西方正统经济学者称为“新古典学派”。

在第一章之后，《通论》的第二章和第三章顺次从总体上说明了传统的就业论和凯恩斯自己的就业论，并且通过这两章的说明进一步阐述“通”字的具体含义。

第二节　传统的就业论

（《通论》第二章的第一点内容）

我们已经在本书第三章提到，传统的西方学者使用了三个相互关联的理论，即就业论、利息论和货币数量论。由于就业论中的劳

① 庇古．书评．经济学杂志，1936（5）：115.

② 同①132.

动市场论（以下简称传统的劳动市场论）具有较大代表性，所以《通论》在一开始的第二章中，就把它暂时当作传统的就业论的全貌加以介绍和抨击。为了读者阅读的方便，本节结合凯恩斯的抨击，再一次介绍传统的劳动市场论。

传统的劳动市场论可以用图 5－1 加以说明：在图 5－1 中，N 和 W 顺次代表就业量和实际工资。DD 是劳动的需求曲线，它向右下方倾斜。因为按照西方经济学的说法，实际工资等于劳动的边际生产率，而在短期中，由于资源和机器设备均被假设为固定不变的数量，所以由于收益递减规律的作用，随着就业量（即劳动数量）的增加，实际工资会下降。这一情况由劳动的需求曲线 DD 所表示。

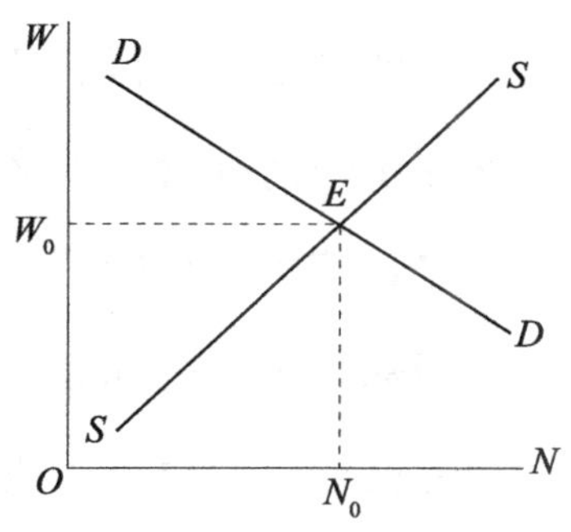

图 5－1　对劳动的需求和供给

图 5－1 中的 SS 为劳动的供给曲线，它向右上方倾斜。因为传统的西方学者认为，实际工资等于劳动的边际负效用，意思是说，劳动的报酬必须能够补偿由于劳动所带来的劳动者的体力消耗、疲困、不舒服等，这些事物统统被称为劳动的边际负效用。按照传统的西方学者的说法，在全社会的劳动者中，有些人的劳动负效用比较小，即比较勤快；有些人的劳动负效用比较大，即比较怠惰。随着就业量的增加，越来越多比较怠惰的劳动者得以就业，因此，工资必须提高才能补偿这一部分人的边际负效用。

在图 5－1 中，DD 与 SS 相交于 E 点。相当于 E 点的就业量和

实际工资分别为 N_0 和 W_0。在 E 点，由于边际负效用等于实际工资，所以在该点，一切愿意为现行的实际工资（即市场供求的自发力量所决定的实际工资）而工作的劳动者（图中的 ON_0）都已经就业。这时，如果还有人失业，那么，传统的西方学者认为这种失业必然属于两种类型：

第一种类型为自愿失业。既然一切愿意为现行的实际工资而工作的劳动者都已就业，那么没有就业的人一定是由于他们劳动的边际负效用太高，高到现行的工资都不能加以补偿。这就是说，这部分失业者过于怠惰，不愿“为五斗米而折腰”，因此属于自愿性质。既然具有自愿性质，那么这种失业的原因与资本主义制度无关。

第二种类型是摩擦失业。在任何社会中，总会暂时存在着一些转业者，即跳槽、改行、迁居的人员。既然这种暂时性的摩擦失业可以存在于任何社会，那么它也与资本主义制度无关。

总之，按照传统的劳动市场论，资本主义总是会处于充分就业状态，即除了少量的和暂时性的自愿失业和摩擦失业以外，全部劳动者均能就业。换言之，资本主义不可能长期存在大量的非自愿失业者。由于《通论》的目的恰恰是论证与此相反的说法，所以该书第二章在介绍传统的劳动市场论之后，接着便对它进行抨击。

第三节　对传统的劳动市场论的抨击

（《通论》第二章的第二点内容）

上一节表明，传统的劳动市场论是由需求曲线和供给曲线所组成。对于前者，即凯恩斯所说的第一个假设前提，他表示赞同。对于后者，即第二个假设前提，他认为是错误的，因为实际工资并不等于劳动的边际负效用。二者之所以不相等，其原因有两个：

第一，实际工资是货币工资除以物价指数后所得到的结果，即货币工资所能购买到的东西。在现实的劳动市场上，企业家和工人之间通过协议而决定的只能是货币工资。凯恩斯认为，即使人们承认，当企业家减少货币工资时，工人便辞职不干，那也并不能证明实际工资和劳动的边际负效用相等。因为事实表明：当货币工资不变而物价上涨时，工人们绝对不会辞职不干的。物价不变时货币工资的下降和货币工资不变时物价的上涨，二者都代表实际工资的降低，劳动者却可以作出辞职与不辞职的不同反应。此外，凯恩斯以美国在1932年出现的大量失业为例，说明劳动者不是嫌工资太低而失业，而是根本找不到工作。由此可见，实际工资并不等于劳动的边际负效用，这便是凯恩斯否定供给曲线的第一个理由。

这一理由使得绝大多数西方学者认为凯恩斯作出了劳动者具有“货币幻觉”的假设。“货币幻觉”意味着劳动者之所以未能做到实际工资与劳动的边际负效用相等，其原因并不是他们不愿意这样做，而是由于他们受了货币的欺骗，即他们只关心货币在量上的多寡而没有去考察货币购买力的高低。利用这种说法，西方学者便有可能把传统的劳动市场论和凯恩斯的反对意见加以调和。他们说，传统的论点还是对的，因为劳动者还是想使他们的边际负效用等于实际工资，而二者之所以未能相等是由于凯恩斯对他们的行为作出了“货币幻觉”的假设。换言之，传统和凯恩斯之间的分歧仅在于假设条件的不同，而不是原则上的差异。

第二，劳动者所要求的只能是货币工资，而对物价的涨落，他们是无法控制的。由于实际工资取决于上述物价和货币工资的相互作用，所以劳动者难以知道他们所要求的实际工资为多少，从而更谈不上它与劳动的边际负效用相等。这一点被凯恩斯认为是他反对传统的供给曲线的主要理由，因为作为决定实际工资的两个因素之一的价格的涨落取决于一系列因素，而这一系列因素正是《通论》所要阐明的。

根据以上两个理由，凯恩斯宣称，传统的劳动市场论是错误的，因而根据这种理论得出的资本主义社会只可能存在自愿失业和摩擦失业这两种类型的失业的结论也是错误的。他认为，除了这两种类型的失业以外，还存在着第三种类型的失业，即非自愿失业。非自愿失业大致的定义是：如果有人愿意接受现行的工资而仍然找不到工作，那么，此人便属于非自愿失业的类型。

第四节　削减工资的问题

（《通论》第二章的第三点内容）

《通论》第二章花费了不少笔墨来说明工资的削减问题，因为这一问题在当时是一个热门话题。

对于1929年的危机所引发的大量失业，当时居于统治地位的传统的西方学者必须加以解释并提出解决方案，而他们这样做的主要理论依据只能是传统的劳动市场论。

为了读者阅读的方便，图 5－2 复制了图 5－1，以表示传统的西方学者以传统的劳动市场论为依据，对 1929 年后的大量失业作出了分析。

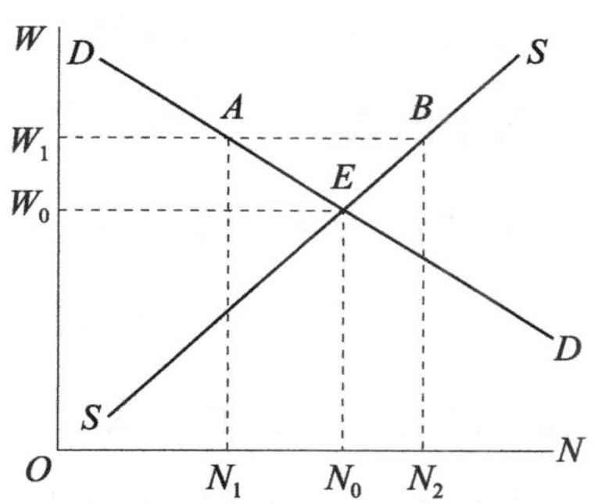

图 5－2　以削减工资来解决失业问题

我们在本章第二节中已经说过，在正常的情况下，资本主义应该处于充分就业的均衡点 E。相当于该点的充分就业量为 ON_0，实际工资为 OW_0。传统的西方学者认为，如果没有外界的干预，那么，资本主义市场的自发力量会进行自我调节，使该社会经常处于 E 点所代表的充分就业状态。但是，他们声称，资本主义社会的工会利用它的垄断地位，人为地把实际工资过高地规定为 OW_1，从而妨碍了供求的自行调节作用，以致在处于 OW_1 水平实际工资的情况下，劳动的供给量为 ON_2，而劳动的需求量为 ON_1。二者的差额为 N_1N_2，这一供求之间的差额即代表社会上的大量失业。这一分析把造成失业的原因归咎于工会，而不是资本主义制度，因为前者的行为阻挠了后者自我调节的力量。

既然过高的工资被认为是造成大量失业的原因，那么，解铃还须系铃人，解决的办法当然是对实际工资的削减。持有这种主张的人，很多都是传统西方经济学的头面人物，包括剑桥大学的庇古、哈佛大学的熊彼特等。在大量的劳动者处于饥寒交迫的 20 世纪 30 年代，这些学者居然能提出削减实际工资的解决办法，这些大腕学者站在谁的立场上是不言自明的。至少可以从中看出，传统西方经济学的教条对他们的影响已经达到何种程度。

对于削减实际工资的热门话题，凯恩斯在《通论》第二章中提出的反对意见也包括两点：

第一个反对意见是削减实际工资的办法行不通。因为这样做必然会遭受劳动者的抗拒或抵制。以后的西方学者便据此认为，凯恩斯假设工资具有不易下降的“刚性”或“黏性”。在本书第十四章中，我们将会看到，时至今日，这一假设仍然处于西方学者的争议之中。

第二个反对意见具有较大的理论意义。凯恩斯认为，削减实际工资必须通过货币工资的削减。如果仅仅削减一家企业的员工的货币工资，那么，由于涉及范围较小，价格水平将会保持不变。这样，该企业实际工资的削减可以完成而不会对整个社会经济起负面作用。但是，如果整个社会员工的货币工资都遭到削减，那么，由于涉及面过于广泛，货币工资的下降会引起全社会购买力的下降，从而导致物价作出成比例的下降。如此一来，全社会的实际工资仍将保持原有的水平。换言之，削减实际工资是无法实现的。因此，必须使用其他办法来解决失业问题，而在理论上对这些办法加以论证就是《通论》的主旨。

第五节　凯恩斯的劳动市场论

（《通论》第二章的第四点内容）

在抨击传统的劳动市场论的同时，凯恩斯似乎也提出了他自己的说法。但是，对于他自己的劳动市场论，除了明确指出实际工资不应该是劳动供给的“唯一自变量”［第13页］以外，他的论述是含糊不清的。根据西方学者的解释，他的劳动市场论如图5-3所示。①

图5-3的需求曲线 DD 与图5-1完全相同，因为凯恩斯已经表明他对此完全赞同。图中的 SS 曲线是他的供给曲线。该线折断于表示充分就业的 A 点。在 A 点以前，SS 为一条水平线；在其后则为一条迅速上升的线段。这一 SS 线的意思是：在充分就业（A 点）到达以前，在既定的实际工资水平下，劳动者愿意提供任何数量的劳动；而只有在充分就业到达以后，实际工资才会随着劳动供给量的增加而迅速上升。

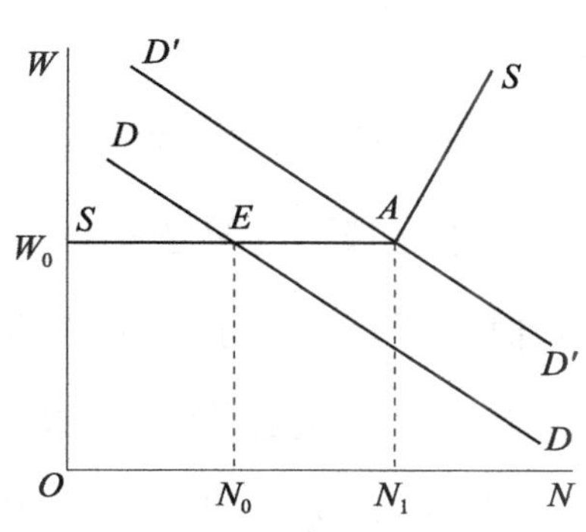

图5-3 凯恩斯的劳动市场论

因此，就业量取决于劳动的需求而不是供给。如果需求处于图上 DD 的位置，那么，它与 SS 相交于 E 点。此时的实际工资为 OW_0，就业量为 ON_0，而非自愿失业为 ON_1 和 ON_0 的差额 N_1N_0，这些人愿意为现行的工资 OW_0 工作，却找不到工作。

根据凯恩斯的劳动市场论，失业问题（非自愿失业）存在的原因是需求曲线 DD 处于图上非充分就业的位置，以致 DD 与 SS 相交于非充分就业的 E 点而不是 A 点。因此，解决失业问题的办法便是设法使 DD 移动到 $D'D'$ 的位置。这时，它与 SS 相交于充分就业

① 邓勃希，麦克杜格尔．宏观经济学：第3版．纽约：麦格劳-希尔公司，1968：203.

的A点。A点所表示的实际工资和就业量分别为W_0和N_1。

《通论》的主要目的在于说明为什么对劳动的需求处于DD的位置，以及如何把它从DD的位置移动到$D'D'$的位置，以便解决资本主义社会的失业问题。

在《通论》第二章的最后两节（第Ⅵ节和第Ⅶ节）中，凯恩斯的“随意写来”的笔法把话题从就业量与工资之间的关系突然转变到萨伊定律，这可能使读者感到愕然。

事实上，凯恩斯在《通论》第二章的最后两节中所要说明的是：传统的西方学者之所以用劳动市场论来否定失业问题（非自愿失业）的存在，原因在于他们相信萨伊定律。该定律声称，供给创造自己的需求。用一般的语言来说，这句话的意思是：卖掉全社会生产的商品而应该得到的售货款总额总会回过头来再次购买全社会的商品。其中卖掉商品而应该得到的售货款总额被凯恩斯称为总供给价格，而回过头来再次购买的款项总额被凯恩斯称为总需求价格。他认为，传统的西方学者所相信的认为二者总是相等的萨伊定律是错误的。说明这一点是《通论》第三章的任务。

第六节　总供给函数和总需求函数

（《通论》第三章的第Ⅰ节）

第三章第Ⅰ节首先说明了总供给函数和总需求函数。

总供给函数的数学方程为$Z=\phi(N)$，其中的N为就业量，Z为上述卖掉全社会生产的商品而应该得到的售货款总额。不过在这里，凯恩斯把全社会的企业当作一个企业联合体加以看待，因此，这里的售货款总额不包括企业之间相互支付的售货款，而仅包含企业联合体售卖给商品的最终使用者而得到的售货款，大致等于一个社会的国民收入。这笔售货款等于企业联合体为了生产商品而支付的生产要素成本（即工资＋租金＋利息），再加上企业联合体的最大利润。因为只有这样，企业联合体才会为之而雇用一定数量的劳动者，即提供一定数量的 N_0。图 5－4 中的 ZZ 代表总供给曲线。

总需求函数的数学方程为 $D=f(N)$，其中的 N 为就业量，D 为上述回过头来再次购买全社会商品的款项总额。

在图 5－4 中，ZZ 与 DD 相交于 E 点，图中的 EN_0 即为凯恩斯所说的有效需求。相应于 EN_0 的有效需求，就业量为 ON_0，小于充分就业量 ON_1。大致说来，有效需求的意思是：当就业量为 ON_0 时，如果用 ON_0（和相应的资源和机器设备一起）生产的商品被卖掉后的款项（Z）全部（$Z=D$）再次回到社会中进行购买，那么，此时的购买款项即为有效需求 EN_0。由此可见，有效需求是能使总供给和总需求相等的国民收入。由于这一数值的国民收入能使总供给和总需求相等，所以它也是均衡的国民收入。

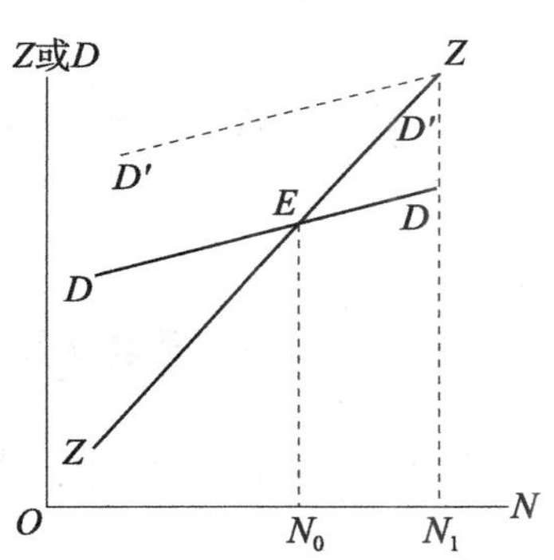

图 5－4　总供给和总需求函数

根据有效需求原理，凯恩斯进而对传统的教条加以抨击。他宣称，传统的西方学者相信萨伊定律，这就相当于认为 Z 恒等于 D，即在图 5-4 中，ZZ 和 DD 重叠在一起。而在事实上，只有在偶然的情况下，二者才能相交于充分就业点。换言之，资本主义可以经常处于小于充分就业的状态，而充分就业只是偶然的情况。也就是说，有效需求原理可以同时说明充分就业和小于充分就业的情况，而传统的说法只能解释其中一个，即只能作为充分就业的特例。在这里，可以具体地看到《通论》中的“通”字的意义所在。

目前西方流行的教材中所使用的总供给曲线和总需求曲线指价格水平（或价格指数）与国民收入之间的关系。它们的含义不同于这里的总供给函数和总需求函数。对此，读者应加以注意。

第七节　对《通论》理论体系的简要总结

（《通论》第三章的第Ⅱ节和第Ⅲ节）

在第三章第Ⅱ节中，凯恩斯把《通论》的理论体系总结为八点。他指出，虽然这一总结未必能使读者确切理解其内容，但也许会给读者提供一定的帮助。现在，我们参照图 5-4，把他总结的八点依次加以说明：

第一，在拥有既定量的资源和机器设备的情况下，当就业量增加时，国民收入会因之而增加。在这个意义上，二者是可以相互替代的名词。

第二，图 5-4 中的 D（即 DD 线与横轴之间的垂直距离）可以被分为两个部分，即 D_1（消费）$=\chi(N)$ 和 D_2（投资）。随着 N 的增加，国民收入也会增加，但整个社会的居民并不会把他们收入增加的全部都花在消费上。社会总消费量与国民收入之比被称为消费倾向。换言之，当 N 增加时，D_1 以越来越小的比例增长，即消费倾向越来越小。

第三，D 的另一个部分是 D_2，它代表社会全部企业的新投资，即用于购买新机器设备等事物的款项。在 DD 与 ZZ 的交点 E，D 的数值（如 EN_0）被称为有效需求，它当然也是由 D_1 和 D_2 两个部分所组成。

第四，由于在 E 点，$D=Z$，所以有效需求所代表的 $D=D_1+D_2=\phi(N)$。其中，$D_1=\chi(N)$，因为正如上文中第二点已经指出的，D_1 是 N 的函数，该函数的具体数值主要取决于消费倾向。

第五，由于以上四点，现实社会的就业量（即由 EN_0 所决定的就业量 ON_0）取决于三个因素，即 $\phi(N)$、以消费倾向为代表的 $\chi(N)$ 和 D_2。这就是《通论》的基本内容。

第六，根据凯恩斯所赞同的劳动的需求曲线（即传统的劳动市场论的第一假设前提），相应于每一个 N 的数值，都存在着一定值的劳动的边际生产率。由这一生产率所决定的实际工资决不能小于劳动的边际负效用。换言之，上述第五点所决定的 N 只适用于实际工资大于和等于劳动的边际负效用的范围。根据传统的西方学者的一般解释①，适用的范围为到达充分就业以前（包括充分就业）的 N，即图 5-3 中的 W_0A 线段。

第七，传统的萨伊定律或就业论的错误之处在于：它认为在一

① 迪拉德．约翰·梅纳德·凯恩斯的经济学．恩格尔伍德：普伦蒂斯·霍尔公司，1948：206.

切 N 的数值下，D 与 Z 都相等，而企业家寻求最大利润的动机又会把 N 扩大到充分就业的数值。换言之，资本主义总会处于充分就业的水平。

第八，D_1 未能随着 N 的增加而作出同比例的增加被认为是具有关键性的作用。凯恩斯认为，由于这一原因，当 N 增加时，Z 和 D 之间的差距越来越大。除非像传统的西方学者所相信的那样，D_2 会随着 D_1 的不足而自动加以弥补，资本主义会处于小于充分就业的状态。

根据以上八点，凯恩斯宣称，失业问题来源于消费（D_1）和投资（D_2）的不足，而不是像传统的西方学者所说的那样，来源于实际工资。事实上，凯恩斯认为，情况恰恰相反，决定实际工资的是就业量。

他接着作出了著名的论断，即他的理论可以对“丰裕之中的贫困这一矛盾现象”[第 36 页] 加以解释。社会越丰裕，人们对物品的欲望被满足的程度越大，从而消费不足的现象越严重，以致丰裕社会必须用失业来减少物品的生产。更不幸的是，在丰裕社会中，由于资本的积累已经达到比较充裕的程度，对投资的诱导相对微弱，从而投资（D_2）也会相对不足。

投资的诱导取决于两个因素：资本边际效率和利息率。这样，为了解决“丰裕之中的贫困”的问题，必须具备更多关于消费倾向、资本边际效率和利息率这三个方面的知识。前一种由《通论》第三编及本书第七章加以论述，后二者则为《通论》第四编及本书第八章的内容。

《通论》第三章第Ⅲ节简要说明了自从李嘉图以来，除了马尔萨斯、马克思、格塞尔等人以外，西方学者普遍忽视了就业的需求。

为了方便读者阅读《通论》，我们将该书迄今明确的体系列图，如图 5－5 所示。

有效需求或就业量，资本边际效率
- 消费（D_1）——消费倾向（《通论》第三编及本书第七章）
- 投资（D_2）——投资诱导（《通论》第四编及本书第八章）
  - 资本边际效率
  - 利息率

图 5－5　凯恩斯理论体系的轮廓

从图 5－5 中可以看到，《通论》的理论体系主要包括三个变量：消费倾向、资本边际效率和利息率。在《通论》第一编之后，剩余章节可以说含有两点主要内容：第一点为对以上三个变量及它们之间的关系作出进一步的说明；第二点是论述由以上三个变量组成的理论体系对整个传统的西方经济学引起的问题。

第六章　三个枝节问题

（《通论》第二编）

在介绍了《通论》的主旨和理论轮廓之后，按照一般的写作常规，接下去应该是对它们的进一步说明。然而在这里，凯恩斯一反常规，在题名为“定义和观念”的第二编中脱离了正题，转而说明他在写作《通论》时所必须解决的三个问题：（1）衡量单位；（2）预期在经济分析中的作用；（3）收入的定义。本章以下三节将依次对它们加以论述。这三个问题在今天看来已经构不成问题，读者如果略去本编而直接跳到《通论》第三编（或本书第七章）继续阅读将不会遇到困难。

第一节　衡量单位

（《通论》第四章）

《通论》第四章论述衡量单位的问题。和一般经济学者一样，凯恩斯也同样认识到，由于单位的不同（如一架机器和二斗小麦），经济总量只能用价格的总和加以表示。但是，由于价格的变动，必须对价格总和用某种办法加以矫正，才能了解价格总和所代表的实物量。矫正的办法有两种：一种为价格指数，另一种为工资单位。

前者虽为一般学者所使用，但他提出了该办法的三个缺点：

第一，同样的价格（或价值）总量可以代表不同组合的物品。例如，假设面包和蛋糕的价格依次为 1 元和 2 元，那么，10 元的价格总量可以代表 6 个面包和 2 个蛋糕的组合，也可以代表 4 个面包和 3 个蛋糕的组合。现在，如果面包和蛋糕的价格都上涨了一倍，那么，第一种组合的价格总额为 16 元，而第二种组合的价格为 20 元。可以看到，价格总量一方面反映价格水平的变化，另一方面也反映实物组合的不同。因此，用同一物价指数去矫正价格总量是一个不准确的办法。

第二，上述不准确的程度对新的投资品和旧的投资品的差别而言更为严重，因为二者之间的差别往往是很大的。

第三，建立合适的价格指数具有理论和实际的困难。

鉴于这三个缺点，凯恩斯认为，用工资单位进行矫正是一个较好的办法。在工资单位的计算中，一位普通劳动者每一小时的货币工资被当作标准的货币工资，而较复杂或艰苦的劳动可以被折合或换算成普通劳动的结果。因为标准的货币工资也会由于价格水平的变化而有所不同，所以，用这种工资去除价格总量所得到的结果便是以工资单位来表示的不同物品的量的多寡，并且已经剔除了价格变动的影响。

事实上，凯恩斯对价格指数的矫正办法的批评是人所共知的，并没有什么新奇之处，而他提出的工资单位的矫正办法也没有消除前者的缺点。除了凯恩斯本人在《通论》中提到工资单位以外，所有的西方学者仍然使用价格指数。对于工资单位，读者可以不去理会。

第二节　预期的作用

（《通论》第五章）

《通论》第五章论述预期在经济分析中的作用的问题。关于这一问题，凯恩斯提出了三个论点：

第一，强调预期对就业量的重大影响。在现代化的生产中，从开始生产到产品的完成和销售需要经历一段时间。因此，生产量的多少，从而就业量的大小取决于企业家事先的决策，而影响企业家决策的一个重大因素便是企业家对前途的估计，即他的预期。乐观的预期会提高产量，从而增加就业量；悲观的预期会导致相反的结果。

第二，预期可以被分为短期和长期两种。短期预期涉及在不改变机器设备的条件下所作出的对产量和就业量的决策；长期预期主要涉及改变机器设备的决策，即投资决策。

第三，在上述两种决策中，以对就业量的影响而言，长期预期比较重要。因为短期预期的改变往往不会很大，从而不会对就业量造成很大影响；而长期预期容易发生剧烈的波动，所以它可以引起就业量的巨大变化。关于长期预期，《通论》第十二章及本书第八章第二节还将专门加以论述。

《通论》关于预期的论点对西方经济学的影响大大超过其纸面上的字句。总的说来，《通论》的分析方法仍然属于传统的“静态”和“比较静态”的范围，但是，对预期的强调使《通论》具有“动态”的性质。希克斯在对《通论》的书评中写道：“使用预期的方法也许是该书最具有革命性的地方。”① 直到今天，包括理性预期学派在内的动态经济学的流行都与预期有关。对此，本书第十四章还将进一步加以说明。

第三节　国民收入的概念

（《通论》第六章和第七章）

在《通论》出版以前，西方尚没有出现系统的国民收入的概念和统计数字。因此，凯恩斯有必要精确地说明他的国民收入的含义及由此而引起的两个问题，即使用者成本和投资与储蓄的相等。具体说来，实际上，《通论》第六章和第七章企图说明三个问题：

（1）使用者成本。为了说明什么是国民收入，则必须引入使用者成本。大致说来，凯恩斯的使用者成本就是折旧再加上被消耗掉的企业之间相互购买的中间物品。折旧和中间物品是计算国民收入不可缺少的项目。

假设在一个时期（如一年）之中，社会全体企业的总销售量为 A，其中各企业相互购买的销售量（如钢铁厂向煤矿购买的煤炭、面包厂向面粉厂购买的面粉等中间物品）为 A_1。又假设在这一时期开始时，全部企业所持有的机器设备、成品、半成品、原料等的总和为 G；为了 G 而花费的维修和储存等费用为 B'；在花费了 B' 的费用之后，到了这一时期的终结，全部企业所持有的机器设备、成

① 希克斯．凯恩斯的就业理论．经济学杂志，1936（6）：240.

品、半成品、原料等的总和为 G'。因此，在这一时期的终结，全体企业所持有的上述物品为 $G'-B'$，因为用于维修等的费用必须从 G' 中剔除掉。

这样，在这一时期的开始，全部企业所持有的机器设备等物品为 G；在这一段时期中，它们相互购买了 A_1 的中间物品；但在这一时期的末尾，它们还剩下 $G'-B'$ 的机器设备等物品。因此，为了生产总销售量为 A 的物品，社会全部企业所支付的代价为：

$$G'-B'+A_1-G=(G'-B')-(G-A_1)$$

上式的右边即为《通论》第 60 页所指的使用者成本。由此可见，使用者成本的意思是：一个社会为了生产价值为 A 的产品而付出的消耗量，其中包括在企业之间相互购买的中间物品，如成品、半成品、原料及机器设备的折旧等。

（2）国民收入的概念。在介绍了使用者成本之后，凯恩斯的“随意写来”的笔法使他几乎同时提出了三种国民收入的概念。虽然这三种概念是等价的，它们大体相当于今天西方国民收入统计数字中的国民净产值（NNP），即一国在一年中所生产的全部最终产品（不计入中间物品）减去折旧，但是，这会给读者造成困难。在这里，我们首先介绍这三种概念，然后说明它们是如何等价的。

①国民收入 $=A-U$。这就是说：国民收入等于社会的全部企业在一段时期中生产出来的产品卖价 A 减去由于生产 A 而消耗掉的使用者成本 U。

②国民收入 $=F+$ 利润，即等于社会全体居民收入的总和。根据凯恩斯的定义，其中的 $F=$ 工资 $+$ 地租 $+$ 利息，即企业家由于生

产 A 而支付给各生产要素的报酬，从而构成它们的收入；利润＝$A-F-U$，其中的 F 和 U 代表由于生产出卖价为 A 的产品而支付出去的成本。即从卖价中扣除掉成本后所剩下的部分，可以被看成是企业家的收入。

③国民收入＝消费＋投资。式中的消费＝$A-A_1$，即全部产品减去卖给企业的部分后的余额，即卖给消费者的部分。式中的投资＝$G-(G'-B')$。这里的 G 为在一段时期开始时企业所持有的机器设备等物品，$G'-B'$ 是在该时期终结时企业持有的同类物品。二者的差额即为投资。

上述三种定义是等价的，因为

第一种定义＝$A-U=A-U-F+F=F+$利润＝工资＋地租＋利息＋利润＝第二种定义＝$A-U=A-G'+B'-A_1+G=A-A_1+G-(G'-B')$＝消费＋投资＝第三种定义。

明确了国民收入的定义以后，我们可以更加明确地看到，本书第五章第六节所说的“有效需求”就是总供给 Z 等于总需求 D 时的国民收入，即处于均衡状态下的国民收入。因为只有在这种状态下，国民收入才等于工资、地租、利息及利润之和，同时等于投资及消费之和。

《通论》第六章末尾的“关于使用者成本的附录”谈论了一些细枝末节的问题。对此，几乎所有西方学者都认为，它们可以被略去。

(3) 投资与储蓄的相等。《通论》第六章第Ⅱ节给出的二者相等的说法如下［第 70 页］：

收入＝产量的价值＝消费＋投资

储蓄＝收入－消费

因此，储蓄＝投资

根据上述定义，投资似乎应该永远和储蓄相等。然而，正如读者以后会看到的那样，《通论》最重要的目的之一在于说明：正是由于投资不等于储蓄，资本主义才会发生失业、危机和经济波动的现象。

关于投资是否等于储蓄，《通论》第六章和第七章含有一些自相矛盾的字句，至少是含混不清的字句。例如，关于二者的相等，凯恩斯写道："人们在进行自己要储蓄多少和投资多少的决策时，可能极不正常，以致交易能够赖之以进行的价格均衡点不复存在……然而，经验表明，事实并不如此。"［第 71 页］关于二者的不相等，他写道："在该书*中，我进行争辩，认为投资超过储蓄的数量是决定就业量改变的动力。由此可见，我的新论点（我在本书中所持有的）虽然远为更加精确和易于理解，但基本上是我旧论点的发展。"［第 85 页］此外，在评述当时有代表性的投资与储蓄的观点的第七章中，他颇为赞同剑桥大学教授罗伯森的投资可以超过储蓄的说法，并且认为："罗伯森先生的方法可以被当作有别于我的方法的另一种具有相同目标的企图。"［第 86 页］

由于《通论》对投资和储蓄是否相等的含混不清的论述，该书出版后引起西方经济学界的一场混乱。经过争辩和讨论，终于取得一致意见。本书同意并且根据这一意见来对《通论》加以解释。这

---

* 指凯恩斯的《货币论》。

一能够正确地代表凯恩斯的想法的一致意见可以被归纳如下：

从名词定义的结果来看，投资永远等于储蓄。由于现实的国民收入统计数字是根据定义而收集的数据，所以在国民收入统计中的投资总是等于储蓄。又由于现实的国民收入统计数字总是表示“事后”的情况，所以从“事后”的意义来看，二者永远相等。

虽然从名词定义或从事态的结果上看，投资等于储蓄，但是，这种相等并不能使国民经济处于均衡状态，即总需求等于总供给的状态。只有意愿的投资等于意愿的储蓄时，或“事前”计划的投资等于“事前”计划的储蓄时，也就是说，当两种计划都已实现时，总供给才等于总需求，从而，二者所决定的国民收入才处于均衡状态。如果意愿的投资不等于意愿的储蓄，而只有二者在定义上的或“事后”的相等，那么，总供给不等于总需求，从而，国民收入或就业量会发生变动，一直到意愿的投资等于意愿的储蓄时为止。这时，意愿的和现实的投资同时等于意愿的和现实的储蓄。正如上文所提到的，《通论》的主要任务之一就在于说明这一点。在这里也可以看到，《通论》所指的均衡时的国民收入、均衡时的就业量和有效需求具有相同的意义。

第七章　消费倾向

（《通论》第三编）

在脱离主题的第二编之后，《通论》的第三编按照第一编所规定的理论轮廓，即本书第五章图 5－5 所列出的轮廓，重新回到主题上来。从本书图 5－5 中可以看到，有效需求（即均衡时的国民收入或就业量）取决于消费倾向和投资诱导。《通论》第三编论述消费倾向，投资诱导将在第四编中加以说明。

《通论》第三编包括第八、第九和第十这三章。其中，第八和第九两章具有交杂在一起的两点内容：第一，消费函数和它的形状；第二，使消费函数移动的因素和它的稳定性。这两点内容依次在本章的前两节中加以介绍。本章第三节说明消费函数在《通论》理论体系中的作用。在本章的第四节中，我们将论述消费函数和乘数的关系，即《通论》第十章的内容。

第一节　消费函数和它的形状

（《通论》第八、第九两章的第一点内容）

本书第五章第七节曾经提到，总需求函数由 D_1 和 D_2 两个部分组成，其中的 D_1 会随着国民收入的增加而作出越来越小的比例的增长。这种表示国民收入与消费之间关系的函数被称为消费函数，一般以下列公式加以表示：

$$C=C(Y) \tag{7.1}$$

式（7.1）中的第一个 C 为消费量，第二个 C 是为了节约符号的数量而用来表示的函数关系。由于它总是以 $C(Y)$ 的形式出现，所以不会和第一个 C 相混淆，但读者必须注意，$C(Y)$ 并不表示 C 乘以（Y）。式中的 Y 则代表国民收入。在《通论》中，消费函数的公式被表示为：

$$D_1=X(N) \tag{7.2}$$

式（7.1）和式（7.2）虽然在形式上有所差别，但是，它们的意义是相同的。二者左方的 C 和 D_1 都代表消费，右方的 C 和 X 都代表函数关系。式（7.1）右边的 Y 为国民收入，因此，只要把式（7.2）右边的 N 理解为与式（7.1）相对应的 Y，那么，式（7.1）与式（7.2）的意义就完全相同。由于 Y 的含意比较明确，所以西方学者在消费函数中普遍使用 Y，而不用 N。因此，本书也使用式（7.1）的表达方式。

式（7.1）仅仅是消费函数的一般形式。根据凯恩斯的说法，该函数的具体形式取决于主观因素（即《通论》第九章的主要内容），其中影响个人消费行为的因素有 8 个，影响企业消费行为的因素有 4 个。对于每一个因素，凯恩斯都逐条加以解释，这些解释不难读懂。为了节约篇幅，本书不再重复。根据这 12 个因素，凯恩斯得到了一个非常重要的有关消费的心理规律。

他写道："根据现有的资料，无论从我们所知道的人类本性来看，还是从经验中的具体事实来看，我们可以有很大的信心来使用一条基本心理规律。该规律为：在一般情况下，平均说来，当人们收入增加时，他们的消费也会增加，但消费的增加不像收入增加得那样多。也就是说：假设 C 代表消费量，而 Y 代表收入，那么 ΔC 和 ΔY 具有相同的正负号，但前者小于后者，即$\frac{dC}{dY}$的数值为正，却小于 1。”［第 101～102 页］*

这一心理规律决定了消费函数的形状，其形状不外乎下列两种，如图 7－1 和图 7－2 所示。

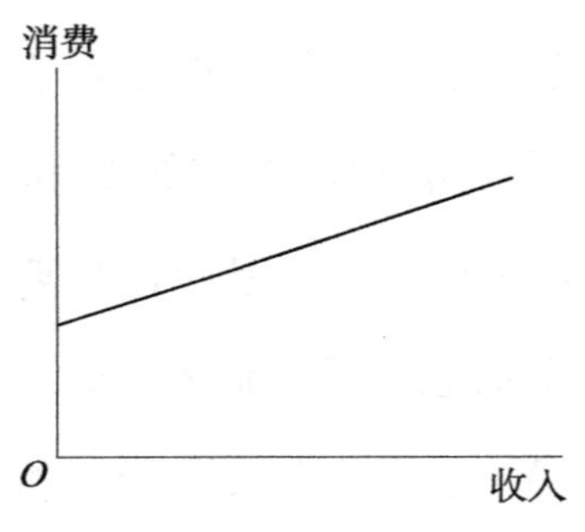

图 7－1 直线的消费函数

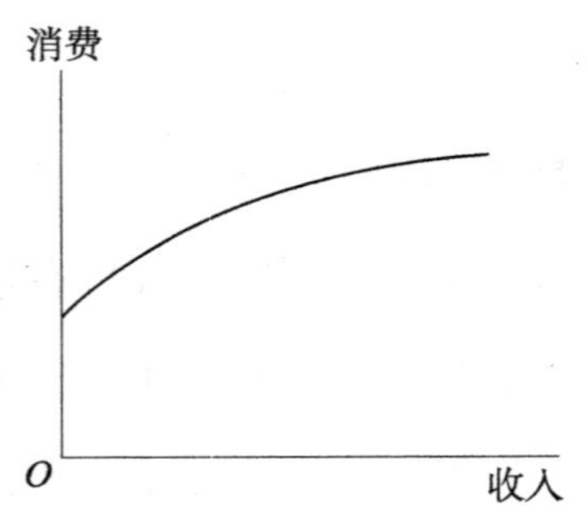

图 7－2 曲线的消费函数

图 7－1 和图 7－2 依次为直线形状和曲线形状的消费函数，二者均符合凯恩斯的心理规律的要求，它们的 C 和 Y 均具有相同的符号，而$\frac{dC}{dY}$都具有正数值并且小于 1。由于直线比较简单易懂，本书以图 7－1 作为消费函数的代表。

图 7－3 复制了图 7－1，C_1C_2 是消费函数曲线，它表示 C 与 Y

* 原文中的 C 和 Y 都用工资单位来衡量，引文略去工资单位以避免不必要的理解困难。本文以后的部分均略去工资单位。

之间的关系，OC_1 和 Y_2C_2 依次代表 $Y=0$ 和 $Y=OY_2$ 时的消费量。根据西方学者的解释，OC_1 代表社会为维持生存而必须有的消费。它表示最低限度的衣、食、住、行的需要，也就是说，即使收入等于零，也必须有 OC_1 的消费才能保持社会的生存。随着收入的增加，消费的增长会小于收入的增长。例如，当收入从 OY_3 增加到 OY_4 时，收入的增长量为 $\Delta Y=OY_4-OY_3$，而相应的消费增加量仅为 $\Delta C=BG=BY_4-AY_3$，从图 7－3 中可以看到代表消费增加量的 ΔC 明显小于 ΔY。当收入从 OY_4 增长到 OY_2 时，ΔC 和 ΔY 之比（$\frac{\Delta C}{\Delta Y}$）保持相同的小于 1 的数值。由于图 7－3 的消费函数是一条直线，所以线上各点的 $\frac{\Delta C}{\Delta Y}=\frac{dC}{dY}$ 的数值不但小于 1，而且都相等。如果消费函数像图 7－2 所表示的那样，是一条曲线，那么，曲线上各点的 $\frac{\Delta C}{\Delta Y}$ 虽然不相等，却都小于 1，从而也符合凯恩斯对消费函数作出的规定。

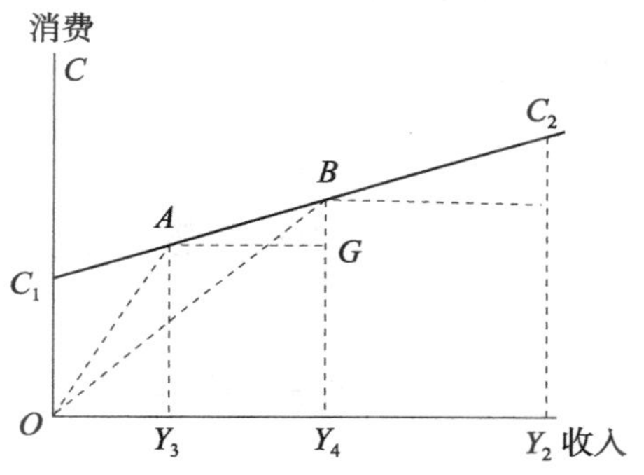

图 7－3　边际消费倾向和平均消费倾向

$\frac{\Delta C}{\Delta Y}=\frac{dC}{dY}$ 被称为边际消费倾向，即相对于消费函数上某一点的 $\frac{dC}{dY}$。上文中已经说过，直线的消费函数的各个边际消费倾向都具有相同的数值，而曲线上各点的消费函数的边际消费倾向具有不同的数值。

除了边际消费倾向以外，《通论》中还存在着平均消费倾向的概念，它的定义是$\frac{C}{Y}$。例如，在图 7－3 中，相应于 A 点的平均消费倾向为$\frac{AY_3}{OY_3}$，其数值明显大于 1，因为 OA 和 OY_3 所形成的角度大于 45°。相应于 B 点的平均消费倾向则为$\frac{BY_4}{OY_4}$，其数值则小于 1，因为在图 7－3 中，OB 和 OY_4 所形成的角度小于 45°。平均消费倾向的数值可以大于 1 的事实并不和凯恩斯关于消费函数的规定相抵触，其原因在于：他所规定的仅仅是边际消费倾向小于 1。而在这种规定下，平均消费倾向是可以大于 1 的。《通论》涉及平均消费倾向的地方不多。

第二节　消费函数的位置

（《通论》第八、第九两章的第二点内容）

凯恩斯不但规定了消费函数的大致形状，而且还认为，它的位置是不大可能移动的。这里所说的移动是指消费函数曲线的位置向上方或向下方的变动，如图 7－4 所示。

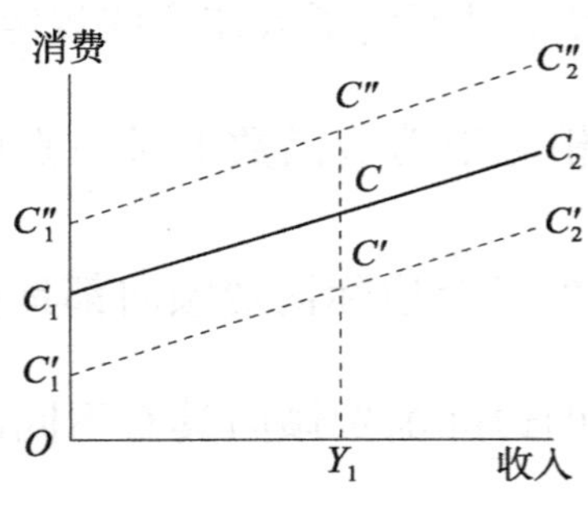

图 7－4　消费函数的移动

图 7－4 的 C_1C_2 与图 7－3 完全相同。凯恩斯不但规定了消费函数的形状，如 C_1C_2 直线，而且认为，它有可能向上或向下变动，如图 7－4 中 $C'_1C'_2$ 和 $C''_1C''_2$ 所表示的那样。这种变动即是西方经济学所指的移动。消费函数的移动意味着在收入不变的情

况下，消费量作出下降或上升的变化。例如，在图 7－4 中，由于消费函数的移动，虽然收入是 OY_1，但是，消费量可以从 CY_1 下降到 $C'Y_1$ 或上升到 $C''Y_1$。

什么原因造成了消费函数的移动？《通论》论述了消费函数移动的六点理由，即《通论》第八章的所谓六个客观因素。它们是：①工资单位的改变；②收入和净收入之间差额的改变；③资本价值的意外改变；④利息率的改变；⑤财政政策的改变；⑥预期的现在收入和将来收入之间差距的改变。在这六个因素中，工资单位的改变指每小时货币工资的变化。收入和净收入之间差额的改变的意思大致是：虽然个人的货币收入没有变动，但是突然出现的事件（如新发明）使个人所持有的资本设备（如机器）改变了它的价值，从而使个人在心理上计算出的净收入有所变化。剩下的几个因素是不言而喻的，没有加以解释的必要。这六个因素被认为是客观因素，即消费者个人无法控制的因素。它们的改变可以使消费函数上下移动，因而使消费量在相同收入的条件下发生变化。

然而，通过分析这六个因素，凯恩斯认为，在一般的情况下，至少在短期内，它们不会作出很大的改变，或者对消费施加重大的影响。因此，他作出结论："在既定的情况下，消费倾向可以被当作相当稳定的函数。"［第 101 页］这就是说：该函数的位置不会改变。他接着写道："消费倾向是一个相当稳定的函数，从而，总消费量一般取决于总收入量（二者均以工资单位加以衡量），而消费倾向本身的变化则被认为具有次要的影响。在承认这一切的前提下，这一函数的正常形状如何？"［第 101 页］对于这一问题，凯恩斯的心理规律已经对它的形状作出了规定，如图 7－1 和图 7－2 所显示的那样。

总之，凯恩斯认为，在既定的情况下，或至少在《通论》所涉及的短期内，消费函数的形状和位置都可以说是固定不变的。

第三节　消费函数与简单凯恩斯模型

（对《通论》第八、第九两章的进一步说明）

消费函数在整个凯恩斯理论体系中占有重要地位，在简单凯恩斯模型中更是如此，而理解简单凯恩斯模型是理解《通论》的中心思想的最佳途径。本书的第五章已经通过凯恩斯自己所归纳出的八点，介绍了这一中心思想。本节则通过消费函数与简单凯恩斯模型的关系，进一步说明这一中心思想，以帮助读者对《通论》的内容能有更确切的理解。

从本书图 5－5 中可以看到，在凯恩斯的理论体系中，就业量或均衡的国民收入取决于消费和投资。所谓简单凯恩斯模型就是把投资当作给定的数量（即不去探讨投资的来源），而主要说明消费如何决定就业量或国民收入的理论。流行的西方经济学教材往往使用这一模型来说明《通论》的中心思想。

图 7－5 是普遍使用的表示简单凯恩斯模型的方法。图 7－5 中的横轴代表国民收入 Y，纵轴代表消费加投资的总和。C 线为消费函数曲线；Z 线为一条 45°线，用以表明在该线上的任何一点所代表的横轴上的 Y 和纵轴上的消费加投资的总和都相等。除了这两条线

以外，图 7－5 中的第三条线被称为 $C+I$ 线，即总需求曲线，因为它是在消费函数曲线之上再加上一个固定数量的投资 I（如 EF 的距离）而形成，从而它等于 D_1+D_2，符合凯恩斯总需求函数的规定。通过对以上三条线的介绍，可以看到，45°线与 $C+I$ 线的任何一个交点所决定的国民收入就是均衡国民收入，也就是凯恩斯所指的有效需求，因为任何一个交点都必然处于 45°线上，而 45°线上的任何一点都使纵横两轴上的数量相等，也就是说能使国民收入等于消费加投资。二者的相等符合凯恩斯对均衡国民收入的定义。

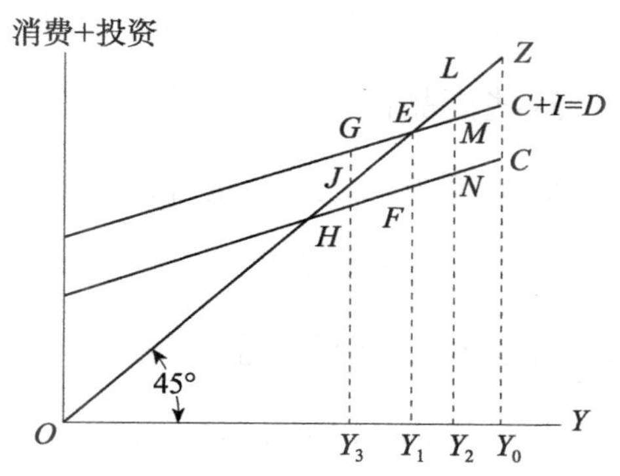

图 7－5　简单凯恩斯模型

例如，Z 线和总需求曲线相交于 E 点，E 即为供求相等的均衡点，因为在该点，$Y=C+I$，即国民收入等于消费加投资，所以，相当于 E 点的国民收入 OY_1 是均衡国民收入，它的意义为：如果没有外界的干预，该收入会年复一年地保持下去。在 E 点，人们的收入为 $EY_1=OY_1$，小于被假设为充分就业下的国民收入 OY_0。当收入为 OY_1 时，人们的消费为 FY_1，因为 F 点位于消费函数曲线之上，从而这一消费额是人们所愿意进行的。把这一消费额从收入 OY_1 减去以后，便得到意愿的储蓄 EF。由于在简单凯恩斯模型中，意愿的投资被假设为一个固定不变的量 EF，所以，处于均衡状态时，意愿的投资等于意愿的储蓄。此时，整个社会生产的商品的全

部卖价为 $EY_1=OY_1$，因为 E 点处于 Z 线上；与此同时，企业由于生产这些商品而支付给全体居民的国民收入也是 $EY_1=OY_1$。当居民拿到这笔收入之后，他们自愿地购买了 FY_1 的消费品和 EF 的投资品。由于 $FY_1+EF=EY_1=OY_1$，所以社会生产出来的全部商品都能够卖掉。这样，企业就会在下一时期中生产出相同卖价的商品，并且创造出相同数量的国民收入。于是，整个过程又重复一次，甚至在长时期中反复进行。由此可见，均衡的国民收入也就是这样数量的收入。在得到这样数量的收入的情况下，社会全体居民所进行的消费和投资正好等于由于生产而创造出这种收入的全部产品的卖价总和。

如果该社会处于非均衡的国民收入的状态，例如，当处于大于 OY_1 的 OY_2，或处于小于 OY_1 的 OY_3 时，根据凯恩斯的理论，这种非均衡状态是不稳定的，很快便会恢复到均衡状态。

如果国民收入为 $OY_2=LY_2$，大于均衡收入 OY_1，那么，此时的消费是 NY_2，投资是 MN，其总和为 MY_2，而此时社会全部产品的卖价为 LY_2，从而，意愿的储蓄 LN 大于意愿的投资 MN，总供给大于总需求，其差额为 LM。这意味着，一部分产品不能够被售卖掉，从而企业会蒙受亏损，并因之而减少生产，一直到总供给等于总需求的均衡点 E 时为止。

如果国民收入为 $OY_3=JY_3$，小于均衡的收入 OY_1，那么，此时的消费是 HY_3，投资是 GH，其总和为 GY_3，而此时的社会全部产品的卖价为 JY_3，从而意愿的储蓄 JH 小于意愿的投资 GH，总供给小于总需求，其差额为 GJ。这意味着，产品出现脱销的现象，从而企业会得到超额利润，并因之扩大生产，一直到总供给等于总需求的均衡点 E 时为止。

本节所论述的简单凯恩斯模型不但使我们能进一步看到《通论》的中心思想，而且使我们更明确地理解它的主旨所在，即从理论上说明资本主义的萧条和失业问题并提出解决问题的办法。该模型表明，社会越富有，消费在收入中所占的比例则越低，也就是说，平均消费倾向和边际消费倾向都偏低。因此，要想把就业量和国民收入维持在充分就业的均衡水平，即在图 7－5 中使它等于 OY_0，必须以较大的投资量才能弥补收入和消费之间的差额，如图 7－5中的 CZ 所示。然而，富裕的社会往往已经具有较充沛的资本设备，所以投资量又全偏低，如图 7－5 中 EF 所示。既然消费和投资都具有较低的数值，那么由二者所构成的有效需求 $C+I$ 经常会处于小于充分就业所要求的数量，如图 7－5 中的 EY_1。因此，资本主义往往会处于萧条和就业不足的状态，即处于图 7－5 中的 E 点，而充分就业仅仅偶然存在，这便是凯恩斯所说的“丰裕之中的贫困”的原因。

解决问题的办法不外乎提高有效需求，即增加消费和投资。以消费而论，消费函数的形状和位置都是比较稳定的。这意味着，消费的增加难于实现。从投资方面来看，在简单凯恩斯模型中，它被假设为一个既定的数量（如 EF），但《通论》的内容表明，私人投资量的增加也有困难。因此，依靠自由放任的资本主义自发的力量不可能解决问题。由于这一原因，国家必须通过政策来对宏观经济的运行加以干预，才能使萧条和失业问题得以解决。这一《通论》

的主旨已经由凯恩斯自己总结出的八点所说明，本节所介绍的简单凯恩斯模型可以使我们对这一主旨的认识更加明确。

第四节　边际消费倾向和乘数

(《通论》第十章)

虽然上一节的末尾提到，私人投资量的增加存在困难，但是，凯恩斯认为，投资量的增加，不论是私人的还是国家的，它对国民收入的促进作用数倍于投资增加量本身。表明投资的增加量与它所造成的国民收入增加量之间的倍数被称为乘数，乘数的大小取决于边际消费倾向的高低。图 7-6 有助于说明这种关系。

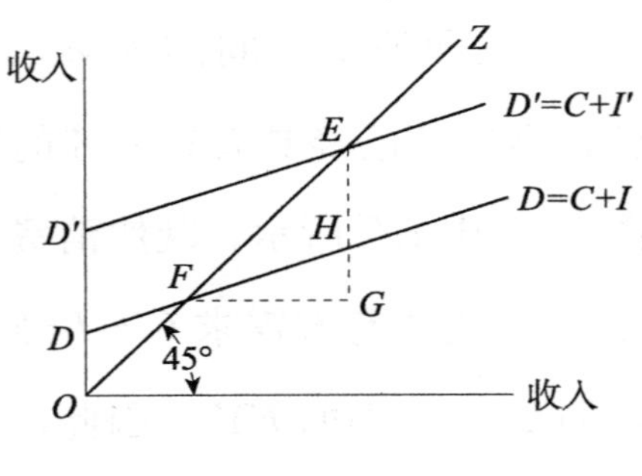

图 7-6　边际消费倾向和乘数

图 7-6 中的 DD 是 $C+I$ 曲线，其中的 I 和过去一样，代表投资。现在，如果 C 的数值保持不变，而 I 的数值变为 I'，那么，原有的 DD 线会移动到 $D'D'$ 的位置。DD 和 $D'D'$ 的垂直距离为 $I'-I=\Delta I$，即投资的增加量，假设这一增加量的具体数值为 1，由图 7-6 中的 EH 所表示。在这里，我们特意用较长的 EH 线段来表示数值仅为 1 的 ΔI 是为了想使读者易于看出乘数的意义。

图 7-6 表明：当 I 增加到 I' 时，即 $\Delta I=1$ 时，由 DD 表示的 $C+I$ 线移动到 $D'D'$ 的位置。二者与 Z 线的交点依次为 F 和 E，由

此而造成的 Y 的增加量 ΔY 为 FG。$\frac{\Delta Y}{\Delta I}=\frac{FG}{EH}=K$ 的数值即为乘数，即由于增加一个单位的投资量（例如 1 元）而造成的收入的增加量。换言之，要想知道由 ΔI 而造成的 Y 的增加量，必须用 K 乘以 ΔI，即 $\Delta Y=K\Delta I$，其中的 K 被称为乘数。

从图 7－6 中也可以看出，边际消费倾向的数值与乘数的大小有关。在图中的三角形 EFG 中，$EG=FG$，因为 EF 和 FG 形成的夹角为 45°。由于边际消费倾向小于 1，所以 HG 的线段总是 EG 的一个组成部分。因此，EH（$=\Delta I$）总是小于 $EG=FG$（$=\Delta Y$），从而乘数$=\frac{\Delta Y}{\Delta I}$总是大于 1。边际消费倾向越大，$HG$ 的数值则越大，$\frac{FG}{EH}=K$ 的数值则越大。边际消费倾向和乘数之间的上述关系不仅可以在图形中表现出来，而且可以用简单的数学推导加以说明。

假设投资的增加量为 ΔI，用于购买一架机器。由于生产这架机器而增加的国民收入（工资＋地租＋利息＋利润）也会是 ΔI，即人们的收入增加了 ΔI 的数量。这可以被称为 ΔI 对国民收入的第一次作用。当人们拿到这笔收入以后，根据凯恩斯关于消费倾向的心理规律，人们会把这一笔增加了的收入的一部分用于消费，即$\frac{\Delta C}{\Delta I}=\beta$，其中 β 代表边际消费倾向，ΔI 为增加了的收入。因此，人们的消费增加量为 $\Delta C=\beta\Delta I$，而这笔款项被用于购买消费品，如粮食、衣服等。这样，$\beta\Delta I$ 的款项又会成为粮食、衣服等生产者的收入，这笔收入可以被称为 ΔI 的第二次作用。当这些生产者得到增加了的收入 $\beta\Delta I$ 之后，根据消费倾向的心理规律，他们又会把其中的一部分用于消费，其数量应该是 $\beta \cdot \beta\Delta I=\beta^2\Delta I$。这笔用于消费的 $\beta^2\Delta I$ 又会构成消费品生产者的收入，这可以被称为 ΔI 的第三次作用。当人们得到增加了的收入 $\beta^2\Delta I$ 之后，他们同样会按照边际消费倾向来花费掉其中的一部分，如此循环反复地进行下去，ΔI 会有第四次、第五次，直至无穷大的作用。把上述全部作用加在一起，便可以得到图 7－7：

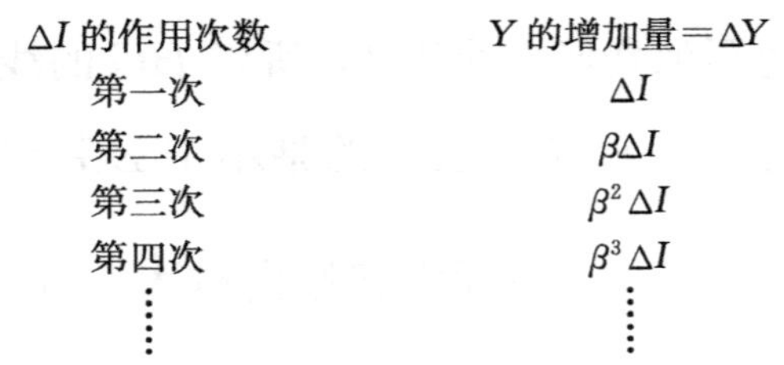

ΔI 的作用次数	Y 的增加量$=\Delta Y$
第一次	ΔI
第二次	$\beta\Delta I$
第三次	$\beta^2\Delta I$
第四次	$\beta^3\Delta I$
⋮	⋮

图 7－7　ΔI 对 Y 的作用

把图 7－7 中 ΔI 对 Y 的各次作用加在一起，即把右边的各项加在一起，便可以得到 ΔI 对 Y 的全部作用：

$$\begin{aligned}\Delta Y &=\Delta I+\beta\Delta I+\beta^2\Delta I+\beta^3\Delta I+\cdots\cdots \\ &=\Delta I\ (1+\beta+\beta^2+\beta^3+\cdots\cdots+\beta^{n-1})\end{aligned}\tag{7.3}$$

式（7.3）括号中的各项之和即为 K，其中的 β 代表边际消费倾向，因此，

$$K=1+\beta+\beta^2+\beta^3+\cdots\cdots+\beta^{n-1}\tag{7.4}$$

从式（7.4）中可以看到，β 是决定 K 的唯一变量，而由于 $\beta<1$，该式的右边是一个收敛的几何无穷级数。在式（7.4）的两边各乘以 β，可以得到，

$$\beta K=\beta+\beta^2+\beta^3+\cdots\cdots+\beta^n\tag{7.5}$$

从式（7.4）中减去式（7.5），结果如下：

$$K(1-\beta)=1-\beta^n \tag{7.6}$$

由于$\beta<1$，当n趋向于无穷大时，β^n趋向于零。因此，

$$K=\frac{1}{1-\beta} \tag{7.7}$$

使用式（7.7）即可以计算乘数的数值。例如，假设$\beta=0.8$，则乘数为5。根据美国的数据，凯恩斯认为，美国的乘数大致是2.5。

乘数的现实意义在于阐明投资的变动对国民收入的巨大作用，即投资量的变动对收入的影响要数倍于投资量本身的变动。当投资增加时，国民收入会有较大数量的增长；当投资减少时，国民收入会有较大数量的降低。由于投资对国民收入和就业量起着如此重大的作用，所以增加投资是提高收入和解决失业问题的一个有效手段，不论增加的是私人投资还是国家投资，它们的效果都是相同的。

对于那些不去执行增加投资的政策来提高国民收入和解决失业问题的官员们，凯恩斯以讽刺的语气写道："如果我们的政治家们由于受到古典学派经济学的熏陶太深而想不出更好的办法，那么，造金字塔、地震甚至战争也可以起着增加财富的作用。"［第133页］

他接着以相当诙谐的笔调来说明，作为投资的项目，在地下挖窟窿和投资于金矿在解决失业问题上具有类似的效果。他说："如果财政部把用过的瓶子塞满钞票，而把塞满钞票的瓶子放在已开采过的矿井中，然后，用城市垃圾把矿井填平，并且听任私有企业根据自由放任的原则把钞票再挖出来（当然，要通过投标来取得在填平的钞票区开采的权利），那么，失业问题便不会存在，而且在受

到由此而造成的反响的推动下，社会的实际收入和资本财富很可能要比现在多出很多。确实，建造房屋或类似的东西会是更加有意义的办法，但如果这样做会遇到政治和实际上的困难，那么，上面说的挖窟窿总比什么都不做要好。”[第 134 页]

由此可见，投资在凯恩斯的理论中占有关键性的地位。除了被当作解决失业问题的对策以外，它也被用来解释资本主义宏观经济的波动。关于这一点，本书下一章即将加以说明。

第八章　投资诱导

（《通论》第四编）

在本书第五章末尾的图 5－5 中，我们提供了凯恩斯理论体系的轮廓。该轮廓表明：国民收入或就业量的大小取决于消费和投资这两个因素。《通论》第三编对消费因素已经加以论述，本章所涉及的《通论》第四编阐明第二个因素——投资。

按照凯恩斯的理论，投资量的多寡取决于对投资的诱导。所谓投资诱导，它实际上的意义是：资本边际效率和利息率的相对高低。前者代表投资带来的收益，后者表示投资的代价。如果前者高于后者，即收益大于代价，资本家则会进行投资，从而投资量会增加；如果情况相反，收益小于代价，资本家便没有投资的动机，从而投资量减少。

本章第一节论述资本边际效率，第二节阐述长期预期与资本边际效率的关系，第三节介绍凯恩斯的利息论，第四节说明凯恩斯的利息论与传统的利息论的分歧。在第五节中，我们将结合《通论》第四编的内容，对该书所包含的全部理论体系加以论述。

第一节　资本边际效率

（《通论》第十一章）

第十一章的主题是资本边际效率的决定。凯恩斯认为，资本边际效率的大小取决于两个因素：生产设备的市场价格和由于投资生产设备而可能获得的预期收益。为了说明这一点，我们举一个简单的数字例子。

假使有一台机器，其市场价格为100元，使用寿命仅为一年。如果购买这台机器的人认为，在一年之后，即该机器的使用寿命已经结束从而变得一文不值之时，它能为他带来102元的收益，那么，此人对这台机器的资本边际效率为0.02，即2%。0.02的数值是根据下列计算方法得到的：

$$100=\frac{102}{1+0.02}=\frac{102}{1.02}$$

在以上的数字例子中，如果此人预期一年后的收益为103元，那么，根据相同的计算方法，此人的资本边际效率是0.03，即3%。因为

$$100=\frac{103}{1+0.03}=\frac{103}{1.03}$$

以上的数字例子表明，资本边际效率是一种贴现率。所谓贴现率就是能把将来的货币价值（如例子中一年后的102元和103元）折算成现在的货币价值（如例子中现在的100元）的百分比，如例子中的2%和3%。由此可见，资本边际效率不过是能把将来的预期

收益折算成生产设备的市场价格的一种贴现率。

当然，上述例子把生产设备的使用寿命仅仅规定为一年，从而预期收益也只有一次。现实的情况是：使用寿命不止一年，从而预期收益也不止一次。如果使用寿命为 n 年，预期收益为 n 次，那么，资本边际效率的一般公式如下：

$$\text{生产设备的市场价格}=\frac{Q_1}{1+r}+\frac{Q_2}{(1+r)^2}+\cdots\cdots+\frac{Q_n}{(1+r)^n} \tag{8.1}$$

式（8.1）中的 Q_1，Q_2，……，Q_n 代表各年的预期收益，$1+r$，$(1+r)^2$，……，$(1+r)^n$ 代表与之相应的公式的分母。式中的 r 便是资本边际效率。

为什么要引入资本边际效率这一概念？因为凯恩斯认为，它和利息率在一起构成投资诱导的两个因素，即决定资本家是否进行投资的两个因素之一。

为什么这两个因素能决定资本家是否投资？我们可以继续用上述数字例子加以说明。资本家是否进行投资取决于投资是否能为他带来利润。而要想计算利润，他一方面要计算投资的成本或代价，另一方面也要计算投资的收益。在我们的例子中，机器的市场价格为 100 元，这代表他的投资成本；一年后的 102 元代表他的收益。由于投资的收益往往要在一段时间以后才能取得，所以这里的 102 元只能是一年后才能取得的 102 元。为了和现在的 100 元相比较，他必须把一年后的收益折算成现在的资本。资本边际效率就是使将来的收益经过折算后能与现在的成本相等的贴现率，也就是能使现在的成本变为将来的收益的利息率。在我们举出的数字例子中，当投资成本为100元时，如果预期收益为102元，那么，资本边际效率已经被计算出为0.02。这也意味着年率为0.02的利息率能使现在投资的100元变成一年后的将来收益102元。同样，当投资成本和将来收益依次为100元和103元时，已经被计算出来的0.03的资本边际效率意味着年率为0.03的利息率能使现在投资的100元变成一年后的将来收益103元。由此可见，资本边际效率可以被理解为是一种预期的投资的利息率或预期利润率。

把资本边际效率当作预期利润率可以使读者更加易于理解投资诱导的意义。投资诱导指资本边际效率和利息率的相对高低。当前者大于后者时，这意味着投资的预期利润率大于把投资款存放于银行的利息率，从而投资便具有吸引力；反之，如果前者小于后者，则意味着投资的预期利润反而不如存款的利息，从而，人们没有进行投资的动机。投资诱导取决于资本边际效率和利息率的原因即在于此。

第二节　长期预期与资本边际效率的关系

（《通论》第十二章）

从资本边际效率的公式中可以看到，它的数值取决于两个因素：生产设备的市场价格和预期收益。前者是客观存在的事物，是由市场决定的。对此，凯恩斯认为，没有多少内涵值得加以讨论。但后者不相同，它取决于投资者或资本家的长期预期，即他们对长期事态的心理上的臆测，从而预期收益是一个为人们心理状态所影响的主观因素。这一点对凯恩斯而言是非常重要的。尽管如此，由于心理状态和主观因素都是难于捉摸的东西，所以，对于长期预期，从而对预期收益，凯恩斯虽然专辟一章加以论述，其中一些见解甚至被普遍认为是具有创见的和精彩的，但是，他的论述仍相当松散和零乱，而且正如他所承认的那样，他未能也不可能得出肯定的结论。他对长期预期的论述可以被分为三个部分加以说明。

第一部分：长期预期是一个易于出现剧烈波动的因素。它之所以易于出现剧烈波动，原因在于下列四点：

（1）对于事物的长期状态，即对一项长期投资的前景是否有利，人们往往缺乏足够的事实根据，从而对长期预期，人们没有足够的信心。

（2）由于缺乏足够的信心，所以人们对投资的前景是否有利可图往往取决于社会的共识，即凯恩斯所说的“社会成规”。然而，“社会成规”不过是社会上各个人的长期预期的总和，而各个人的长期预期又建立在缺乏足够的事实根据之上。因此，“社会成规”，即社会上各个人的共识，遇到风吹草动便会猛烈波动。

（3）股票市场的投资是一种投资的主要渠道，因为如果人们能从股票市场的投资中取得更高的收益，他们便没有直接投资于生产设备的必要。然而，股票市场不可避免地带有投机性，而投机性使股票市场易于发生大起大落的波动。因此，股票市场加强了对资本设备长期预期的剧烈波动。

（4）人们是否进行资本设备的投资并不完全出自利益的动机，也来自凯恩斯所说的“动物的本能”，即人类创造事业的冲动，而冲动又是一个难于捉摸的高低起伏的因素。关于这一点，凯恩斯写道：

“除了投机所造成的经济上的不稳定性以外，人类本性的特点也会造成不稳定性，因为，我们积极行动的很大一部分系来源于自发的乐观情绪，而不取决于对前景的数学期望值，不论乐观情绪是否出自伦理、苦乐还是经济上的考虑。关于结果要在许多天后才能见出分晓的积极行动，我们的大多数决策很可能起源于动物的本能——一种自发的从事行动，而不是无所事事的冲动；它不是用利益的数量乘以概率后而得到的加权平均数所导致的后果。不论各个企业以何种坦率而真诚的程度来宣称：它们从事经营的主要动机已由企业的组织章程所说明；它们在实际上不过是把它们的动机假装成为如此而已。事实上，根据对将来的收益加以精确计算后而作出的经营活动只不过比南极探险的根据稍多一些。因此，如果动物的本能有所减弱而自发的乐观精神又萎靡不振，以致使我们只能以数学期望值作为从事经营的根据时，那么，企业便会萎缩和衰亡——虽然对企业的前景看好和看坏的根据和以前没有什么不同之处。

“我们有把握说：对将来怀有希望而兴办的企业对整个社会有利。但是，只有当合理的计算结果由于动物本能而得到加强和支持时，个人主动性才会大到能兴办企业的地步。在个人主动性得到动物本能的加强和支持下，那种往往使创业者意志消沉而为经验所表明的最终要失败的想法会被放在一边，正如健康的人把对死亡的预期放在一边一样。

“不幸的是：上述情况不仅会加深萧条和危机的程度，而且还使经济繁荣高度依赖于对一般工商业者合适的政治和社会气氛。如果对英国工党政府和美国"新政"的恐惧会抑制从事企业经营的话，其原因可以既不在于合理计算的结果，也不在于具有政治意图的策划——原因可以仅仅在于破坏了自发的乐观状态的微妙平衡。因此，在估计投资前景时，我们必须考虑到决定自发活动的那些主要人物的胆略、兴奋程度，甚至消化是否良好和对气候的反应。"［第165～166页］

基于上述四点理由，凯恩斯认为，长期预期，从而资本边际效率，会发生异常猛烈的波动。

第二部分：虽然长期预期，从而资本边际效率会有着剧烈的波动，但是，由于下列三个原因，波动可以有所缓和：

（1）对于机器设备的老化特别迅速的行业，投资者只打算在较短时期内把资金收回，从而长期预期在这里不发生作用。

（2）对于某些长期投资的大型项目，如宏大的建筑，投资者往往可以设法和他人分摊风险。例如，建筑物的投资者可以和未来的租赁者事先商定长期租赁合同等。

（3）另一些长期投资的大型项目，如水电站，由于这种项目涉及社会的福利，所以政府能够出面作出某些担保。

第三部分：对股票市场的观点。为了说明股票市场的存在加强了资本边际效率的波动，凯恩斯说明了股票市场的投机性质。这一说明虽然与《通论》的主旨关系不大，却普遍被认为是精辟的和精彩的。

按照他的看法，股票的价格在相当大的程度上取决于炒股者的群众心理。当群众心理看好某一股票时，他们便会争相购买，从而该股票的价格就会上涨。如果一位炒股者能够在事先知道群众的这一看法，他便可以事先购进这种股票，等到涨价后卖掉，以便从中牟利。因此，凯恩斯认为，炒股牟利实际上是一种事先猜测群众心理的游戏。用他所举的例子来说，这种游戏相当于一种选美的游戏。游戏的规则是：个人从 100 张照片中选出参与选择的大家都投票认为是最美的 6 张，能够做到这一点的人便可以获奖。因此，要想获奖，选择者并不会挑选出被他个人认为是最美的 6 张，而是他猜测的大家都认为是最美的 6 张。由于这一原因，股票市场的交易是一种猜测群众心理的游戏，即以猜测的群众心理的变化来进行投资以便牟利的游戏，而不是经过严格的计算和考虑以后才得以决定的投资项目，如建立工厂和商店。依据如此方式，凯恩斯断言，股票市场带有很大的投机性。根据这一论断，可以得到两点结论：

（1）凯恩斯认为，作为资本主义的一种筹资渠道，股票市场是必要的，但是，它所固有的投机性也给社会带来祸害。因此，正确的方针应该是使正当的筹资渠道畅通，与此同时，把投机性缩小到最低水平。他写道：

“如果投机者像在企业的洪流中漂浮着的泡沫一样，他未必会造成祸害。但是，当企业成为投机的旋涡中的泡沫时，形势就是严重的。当一国资本的积累变为赌博场中的副产品时，积累工作多半是干不好的。以把华尔街当作一个其社会功能可以使新投资按照未来收益流入最有利渠道的机构而论，该街所获得的成功程度不能被认为是自由放任的资本主义的典范——这并不值得奇怪，如果我下面所说的是对的话；我所说的是：华尔街的最好的头脑却在事实上

被引导到一个与其社会功能不同的目标。”［第162～163页］

（2）既然股票价格主要是由群众心理所造成的，那么，人们便有理由去从群众心理方面进行研究，以便决定股票价格并由此获利，而没有太多的必要去探求发行股票的企业的经营状况。这一说法，为目前股市的“技术分析”提供了一个理论根据。而“技术分析”又是股市分析者所依据的两大理论之一。一本流行的关于股票价格的西方著作写道：“投资社会中的职业股民使用两种理论来决定资产的价格，即‘厂商基础理论’和‘虚幻股票价值理论’。”[①] 关于后者，该书写道：“虚幻股票价值理论着重研究人们的心理。凯恩斯勋爵，一位著名的经济学家，也是一个卓越的成功的投资者，在1936年[*]对这一理论作了清楚的阐述”[②]，而“技术分析就是被那些相信虚幻股票价值论的人们用来预期何时买进和卖出股票的方法”[③]。“技术分析企图权衡群众心理以及群众心理导致出的虚幻的形象。”[④]

第三节　凯恩斯的利息论

（《通论》第十三章和第十五章）

《通论》第十三章的主要目的在于说明凯恩斯的利息论。他认为，利息率是由货币的供给和需求所决定的。前者被简称为货币数

---

① 马尔基尔．在华尔街上的随机行走：第4版．纽约：诺顿公司，1985：20.

② 同①22.

③ 同①105.

④ 同①26.

* 《通论》出版的年份。

量，大体指一社会的处于流通中的硬币和纸币，以及银行存款的总和，其数量可以由国家的货币政策所控制。对一般人而言，货币数量可以被理解为随时能被取用的现款。关于货币数量的所有这一切已经是西方学者的共识，所以凯恩斯对此仅仅一笔带过。他在这两章中论述的重点是解释货币需求的流动性偏好。

持有现款（包括利息为零的存款）会牺牲掉应有的利息，而具有理性的人，即使自己利益最大化的人，绝不会无缘无故地把利息收入给牺牲掉。因此，人们持有现款是必然有其原因的，这些原因被称为流动性偏好的动机。按照凯恩斯的意见，流动性偏好的动机可以被区分为四种类别：

第一，收入动机。目的是为了在两次收入之间偿付开支。例如，假设一人的月收入为100元，他必须在一个月中拿出一定数量的现款来支付日常生活的费用，如伙食、衣着等。

第二，业务动机。企业也必须持有一定量的现款，以便在收到售货款之前支付业务开支，如工资、运输费等。

第三，谨慎动机。手中存放一笔现款以备不时之需，如招待客人、疾病、难以预料的灾害等。

第四，投机动机。如果人们认为，他们能从投机中赚取到比利息更多的收入，他们就会在手中存放一笔现款，以备投机之用。例如，手中存放一笔现款，以备炒股之用。

在上述四种类别的动机中，前三种的数量，即由于前三种的原因而导致的对货币的需求数量被认为主要取决于收入。换言之，人们的收入越高，由于收入动机、业务动机和谨慎动机而需要存放在手中的现款也越多；收入越低，存放在手中的现款数量也越少。如果以 L_1 代表由于这三种动机而引起的全社会对货币的需求，以 Y 代表国民收入。那么，可以得到下列公式：

$$L_1 = L_1(Y) \tag{8.2}$$

式（8.2）的意思是：由于前三种动机而引起的全社会对货币的需求量 L_1 是国民收入 Y 的函数，即取决于 Y 的大小。

对由于第四种动机而存放于手中的现款数量，凯恩斯的解释是比较复杂的，而且还牵涉债券市场的一些技术问题。作为一般性的理解，对它们似乎没有详加说明的必要。总的说来，凯恩斯的想法基本上是：只有当投机带来的收益率大于利息率时，人们才会在手中存放一笔现款，以备投机之用。利息率越高，投机的收益率超过它的可能性越小，从而人们存放的现款数量也越小；利息率越低，投机的收益率超过它的可能性越多，从而人们存放的现款数量越大。因此，由于投机动机而存放于手中的现款数量与利息率呈相反的关系。即利息率越高，现款数量越小；利息率越低，现款数量越大。用 L_2 代表由于投机动机而存放于手中的现款数量，用 r 代表利息率，即可得到式（8.3）：

$$L_2 = L_2(r) \tag{8.3}$$

式（8.3）的意思是：L_2 是 r 的函数，不过二者的数值关系相反。

如果用 L 代表人们由于上述全部四个动机而存放于手中的现款数量，那么，可以得到式（8.4）：

$$L = L_1 + L_2 = L_1(Y) + L_2(r) \tag{8.4}$$

式（8.4）被称为流动性偏好函数，它的意思是：人们存放于手中的现款数量是国民收入和利息率的函数。

式（8.4）也可以用图形表示出来，如图 8－1 所示。

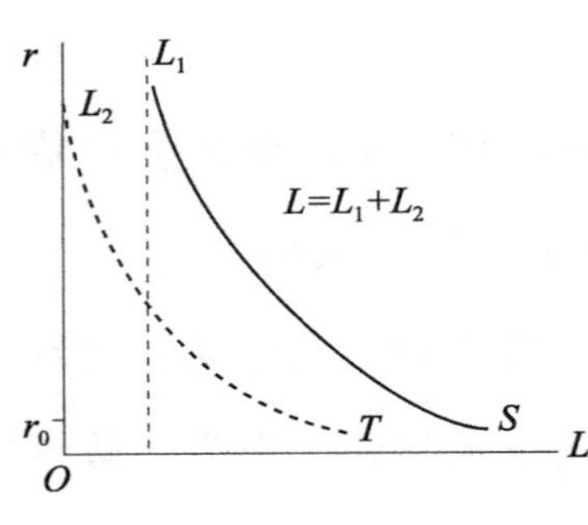

图 8－1　流动性偏好函数的图形

图 8－1 的纵轴和横轴依次代表利息率 r 和对货币的需求量 L，也就是人们存放于手中的现款。该图假设国民收入 Y 为常数，所以 L_1 也是一个常数，由图中的虚线 L_1 表示。由于 L_2 与 r 之间存在着数值相反的关系，所以图中的 $L_2(r)$ 是一条向右下方倾斜的虚线。

把 L_1 和 L_2 横向相加，即可得到图 8－1 中用实线表示的曲线 $L=L_1(Y)+L_2(r)$。该线说明了在国民收入既定的条件下，货币需求量 L 与利息率 r 之间的关系。它被认为是货币需求曲线。

关于货币需求曲线（即流动性偏好曲线）的形状，凯恩斯认为它具有一个特点。这一特点是：在图 8－1 中，当 r 下降到一定低的数值，如 r_0 时，在此以下的 L_2 线则成为一条水平线。由于 $L=L_1+L_2$，所以在 r_0 以下的 L 线也变成一条水平线。这一特点的意义是：当利息率降低到一定低的水平（如 r_0）之下时，人们认为，为了投机动机而持有现款的代价（即必须牺牲掉的利息率）已经变得微不足道，因此，他们愿意为了投机动机而持有任何数量的现款，甚至达到无穷大的程度。r_0 的数值，即达到一定低的利息率的数值被称为“流动性陷阱”。

“流动性陷阱”对货币政策具有一定的现实意义。如果确实存在“流动性陷阱”的现象，那么，这意味着当利息率已经降低到一定低的水平（如 r_0）时，不论国家所增加的货币数量为多少，由于 L 线成为一条水平线，利息率都不会随之而下降。这会给降低利息率以刺激经济活动的货币政策带来困难。关于这一点，我们在论述政策的一章（第十一章）时，还将进一步加以论述。

在本节开始的时候，我们已经指出：凯恩斯的利息论认为，利息率由对货币的需求和供给所决定。对货币的需求即是以上所说的流动性偏好曲线。

货币的供给被认为能由国家所控制。我们也曾指出，关于货币供给方面的内容已经是当时西方学者的共识，所以《通论》着墨不多。关于国家如何能对货币供给加以控制，我们将在第十一章中作概略的说明。在这里，我们仅仅指出，按照凯恩斯的利息论，利息率是由货币的需求（流动性偏好曲线）和能由国家所控制的货币供给决定的。这一论点可以用图 8－2 表示出来。

在图 8－2 中，L 曲线代表货币需求曲线，Q 线代表货币供给曲线，供求曲线的交点决定了利息率 r_1。读者应该注意，图 8－2 中的 Q 是一条垂直线。它的意思是，不论利息率的高低如何，国家都可以自行决定 Q 的数值，从而 Q 线向左和向右的移动可以改变它与 L 线的交点，进而改变利息率 r 的高低。

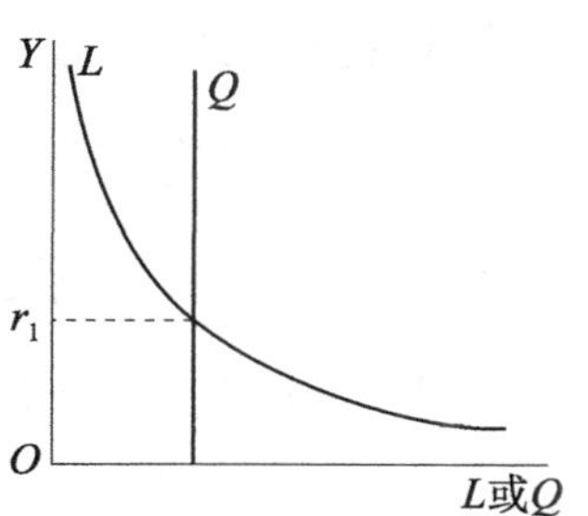

图 8－2　凯恩斯的利息论

第四节　凯恩斯的利息论与传统的利息论的分歧

(《通论》第十四章)

传统西方经济学的利息论认为，利息率取决于对投资资金的供给和需求。前者是整个社会的储蓄量，而储蓄量与利息率之间存在着一定的函数关系：利息率越高，储蓄的利益越大，从而储蓄量越多；利息率越低，储蓄的利益越小，从而储蓄量越少。这就是说：利息率与储蓄量之间存在着方向相同的函数关系。表示这种函数关系的曲线便是资金的供给曲线。后者是整个社会所需要的投资量。按照西方经济学的说法，人们之所以进行投资，目的在于获得投资所能带来的边际生产率，即投资带来的利益。与此同时，投资的资金所必须支付的利息率代表投资的代价。只有当利益大于或至少与其代价相等时，资本家才愿意进行投资。然而，由于收益递减规律的作用，随着投资量的增加，边际生产率会依次递减。因此，在投资量与利息率之间，存在着方向相反的函数关系。这就是说：投资量越大，资金的边际生产率越小，即投资的利益越小。此时，只有利息率不大于或顶多等于作为投资代价的利息率时，资本家才愿意投资。表示这种方向相反的函数关系的曲线被认为是资金的需求曲线。

综上所述，传统的利息论认为，利息率是由资金的供给和需求决定的，二者与利息率依次存在着方向相同和方向相反的函数关系，而利息率正好使二者相等，即使资金的供给等于资金的需求。

传统的利息论可以用图 8－3 表示出来。

图 8－3 中的 S 线和 D 线依次代表投资资金的供给和需求曲线。二者的交点，即二者相等时，决定了利息率 r_0，以及投资量或储蓄量 I_0。

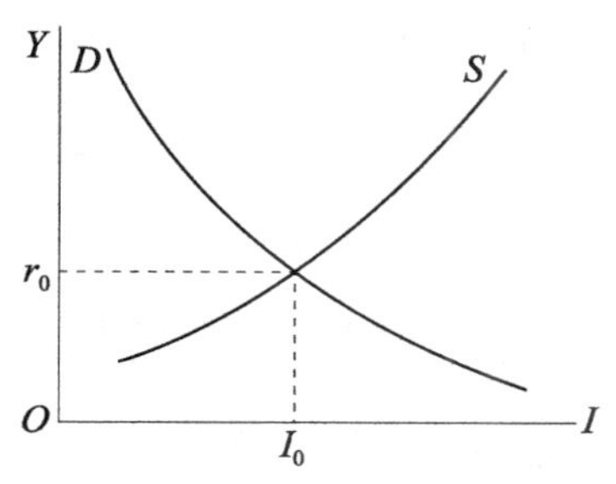

图 8－3　传统的利息论

对于传统的利息论，凯恩斯认为是错误的。错误的主要原因在于储蓄首先是国民收入的函数。因为根据我们已经说明过的凯恩斯的消费倾向理论，消费量应该是收入的函数，而由于储蓄等于收入减去消费后的差额，所以储蓄也应该是收入的函数。储蓄是收入的函数这一事实意味着：其他条件相等，相当于一定量的收入便会存在着一定量的储蓄。这就是说：图 8－3 中的 S 线是由一个特殊数值的收入 Y 而得到的。换言之，相当于一个数值的收入便对应存在着一条 S 线，而由于收入可以有不同的数值，所以可以存在许多不同的 S 线，如图 8－4 所示。

图 8－4 画出了三条 S 线作为例子。S_1、S_2 和 S_3 依次为 Y_1、Y_2 和 Y_3 的函数。图中的 D 线和这三条 S 线的交点为 E_1、E_2 和 E_3。这三个 E 决定了三个不同的利息率。因此，按照传统的利息论，在 Y 的数值未定的情况下，可以存在着许多不同的利息率。由于在理论上，市场上只能存在一种

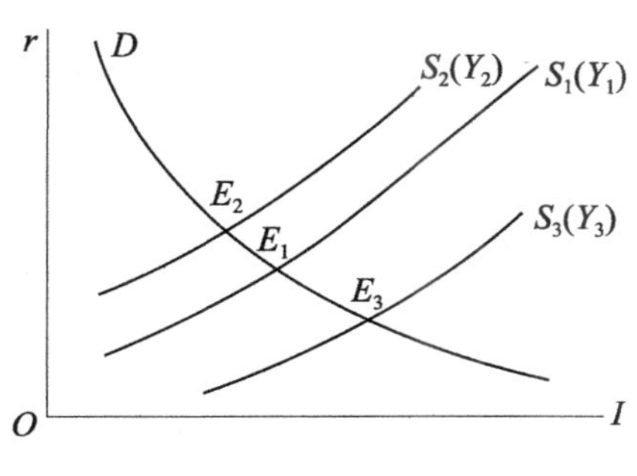

图 8－4　传统的利息论的错误

利息率，所以凯恩斯认为，旨在决定利息率的传统的理论却不能决定利息率，从而是错误的。这便是凯恩斯的利息论与传统的利息论的第一个分歧点。

然而，凯恩斯在批判传统说法的同时，也犯了同样的错误。按照他的利息论，对货币的需求量为 $L=L_1(Y)+L_2(r)$。这表明他的需求曲线，如图 8－2 中的 L 所示，也必须取决于 Y，从而在不同的 Y 下，也存在着许多不同的 L。这些 L 和货币供给曲线 Q 有许多不同的交点。可以看到，以不能决定均衡点而论，凯恩斯的利息论犯了和他所批判的传统的利息论相同的错误。

对于这一错误，《通论》出版一年之后，英国经济学家希克斯企图加以补救。他认为，《通论》的全部理论体系可以提供足够的条件，使得利息率 r 和国民收入 Y 同时得以决定。对于希克斯解决问题的办法，凯恩斯表示同意。这一解决办法就是目前西方经济学教科书中 $IS-LM$ 分析的来源。

凯恩斯的利息论与传统的利息论的第二个分歧之处关系到利息作为一种报酬的问题，即支付利息作为一种报酬的理由是什么？按照传统的利息论，资金供给的来源是储蓄，而储蓄又是人们从收入中扣除掉消费后所剩下的部分。按照理性人的假设，人们之所以不把全部的收入用于消费以便得到最大的满足，其原因在于：想把储蓄起来的钱用于投资以便在将来获得更多的消费。这笔将来的更多的消费便是利息。因此，利息是补偿储蓄者等待将来的消费的报酬。

按照凯恩斯的利息论，人们具有流动性偏好，而现款又具有最大的流动性，即具有可以随时随地把它转换成消费品或投资品的特点。如果把现款借给别人，那么，此人虽然牺牲掉了货币的流动性，却可以得到利息作为报酬。因此，利息成为牺牲货币的流动性的报酬。这便是凯恩斯的利息论与传统的利息论的第二个分歧之处。

在上述两个分歧中，凯恩斯的见解目前已为绝大多数西方学者所采纳，成为正统经济学说的一个组成部分。

第五节　《通论》的全部理论体系

（《通论》第十八章）

到了《通论》的第十八章，凯恩斯已经基本上完成了对该书全部理论体系的论述。在该章中，他对全部理论作了一次概略性的复述。他的复述可以由图 8－5 加以说明：

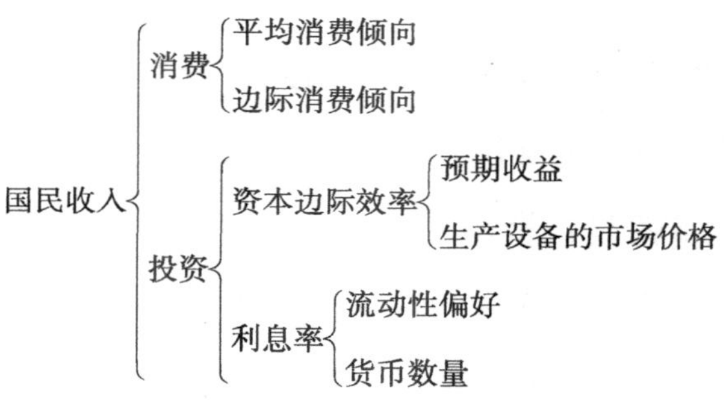

图 8－5　《通论》的全部理论体系

把图 8－5 和第五章的图 5－5 相比较，可以看到，二者是大体相同的，差别仅在于图 8－5 增添了有关投资诱导的内容。

正如我们已经指出的那样，凯恩斯建立他的理论体系的目的首先在于对资本主义的国民收入或就业量的波动加以解释；然后再根据理论的解释，提出熨平波动的方针政策，也就是避免或解决经济萧条和危机的办法。

根据他的理论，国民收入的大小取决于消费和投资的总和。由于在一般的状态下，消费倾向，不论平均消费倾向*还是边际消费倾向，其数值总是小于1，所以整个社会不能以消费的形式花费掉它的充分就业时的全部收入，其差额只能由投资加以弥补。如果投资量能够弥补这一差额，那么，社会生产出来的全部产品便能被销售掉，从而使该社会处于充分就业的状态。如果投资量做不到这一点，那么一部分的产品就不能被销售出去。这样，企业便会缩小生产规模，从而整个社会的国民收入会处于小于充分就业的水平，即处于经济萧条或危机的状态。

投资量能否弥补上述差额取决于资本边际效率和利息率的相对高低。如果二者的数值所导致的投资量能够弥补差额，那么万事大吉，资本主义社会便会有充分就业。然而，凯恩斯指出，二者的数值往往不能使投资量做到这一点。因此，资本主义社会就会出现萧条和危机，而充分就业仅仅是偶然的现象。用西方经济学的术语来说明这一切，那就是：资本主义市场的自发力量所决定的消费倾向、资本边际效率和利息率的数值不能保证该制度长期处于充分就业状态，并会由此而导致出现经济萧条和危机。

如何解决经济萧条和危机的问题？关于解决问题的对策，凯恩斯在《通论》的各章中，以支离破碎的段落表达出来。虽然如此，

---

* 在特殊的事例中，如社会处于饥饿的边缘时，平均消费倾向可以大于1。

他的意见大体上还是明确的。从图 8－5 中可以看到，国民收入（或就业量）的大小最终取决于图的最右边的六个变量。在六个变量中，最上面的五个都是由个人的自由经营的行为所决定，国家无法也不能加以控制。例如，国家不能规定人们必须把收入中的多大部分用于消费或投资。只有最下面的一个变量——货币数量，能由国家管理。国家可以通过货币政策来增加货币数量并由此而降低利息率，使利息率低于资本边际效率。这样，投资量便能够得以扩大，甚至扩大到能弥补充分就业条件下的收入与消费之间的差额（即储蓄），从而使资本主义到达充分就业的水平。

然而，凯恩斯认为，货币政策固然有效，但效果不会很大，其原因至少在于下列两点：

第一，由于“流动性陷阱”的存在，货币数量的增加只能使利息率降低到一定低的水平。当利息率已低于这一水平时，货币数量的增加已经无济于事，达不到降低利息率的目的。例如，在图 8－1 中，当利息率低到 r_0 时，社会便处于“流动性陷阱”状态。这时，流动性偏好曲线变为一条水平线。当处于这种状态时，即使把货币数量从 S 点扩大到 S 点的右边，利息率仍然为 r_0。如果这时的资本边际效率小于 r_0，那么货币政策便无法取得扩大投资的效果。

第二，即使不存在“流动性陷阱”，那么，货币政策仍然有其局限性。因为当经济萧条和危机存在时，资本边际效率可以为负数，即任何投资都被认为是亏本的。当处于这种情况时，由于社会常规的束缚，国家不可能使利息率具有负数值。这样，国家也就不可能通过货币政策来把利息率压低到资本边际效率之下。

由于至少上述两个原因，凯恩斯认为，货币政策远不如财政政策有效。这里所谓的财政政策，是指由国家通过预算的收入和支出来直接进行投资或购买消费品。用目前使用的语言来说，即运用国家的资金来扩大内需，以便减少失业和提高国民收入。为了实现这一点，他甚至提出了“投资社会化”［第391页］的主张。

关于货币政策和财政政策，本书第十一章和第十二章两章还将作出较详细的论述。

第九章　价格论和工资论

（《通论》第五编）

凯恩斯解决资本主义失业和经济萧条的对策是货币政策和财政政策，而不论货币政策还是财政政策，其办法都是向社会注入更多的购买力，以便把生产过剩的产品卖掉，从而使企业能够恢复正常的运营，这样，资本主义便可以走出失业和生产过剩的危机。

然而，向社会注入更多的购买力往往牵涉货币数量的增加，而按照传统的货币理论（即传统的货币数量论），增加货币数量只会使价格成比例地增加，不会影响就业和生产量。因此，凯恩斯所倡议的货币政策和财政政策不会发生效果。为了反驳这一点，凯恩斯提出了他自己的价格论。本章第一节和第二节依次论述传统的货币理论和凯恩斯的价格论。

此外，正如本书第五章第四节已经指出的那样，通过削减工资的办法来解决失业和萧条问题是当时传统学者提出的一个重要对策。为了进一步论证他所建议的政策的必要性，凯恩斯也必须对削减工资的不可行性加以说明。本章第三节论述传统学者削减工资的论点；第四节和第五节说明凯恩斯对工资问题的见解，即凯恩斯的工资论。

最后，我们将结合本章所论述的价格论和工资论把传统的理论体系和凯恩斯的理论体系加以对比，以便使读者进一步理解《通论》的内容。

第一节　传统的货币数量论

(《通论》第二十章和第二十一章)

对于传统的货币数量论，本书第三章第四节已经作了介绍。在本节中，为了读者阅读的方便，我们首先再度对该理论加以简要说明；然后再加上凯恩斯的观点。

本书第三章第四节指出，传统的货币数量论具有不同的表述形式，并且以剑桥大学的现款存量说为例来对该学说加以说明。

按照剑桥大学的现款存量说，货币只有交换媒介的功能，从而合乎理性的人，即力图使自己的利益最大化的人，他们持有现金或现款的原因只能是为了必需支出的需要，因为持有现款会牺牲掉应有的利息。换言之，在一定的情况下，人们仅仅把他们收入的一部分，即收入的某种比例，以现款的形式保存在手中。这种比例的数值取决于风俗、习惯和社会的常规。由于这些因素在短期内不易改变，所以比例的数值大致是固定不变的。由于社会的这种对货币的需求不过是个人需求的总和，所以整个社会对货币的需求量可以用式（9.1）表示出来：

$$D = \rho PY \tag{9.1}$$

式（9.1）中的 D 为社会的货币需求量，在均衡时，D 必须与货币数量相等；P 为价格水平；Y 为实际国民收入；ρ 为上述相对固定比例的数值。

在式（9.1）中，PY 代表货币国民收入；ρPY 表示整个社会按照相对固定比例所持有的现款量，即社会对货币的需求量 D，它在均衡时必须与货币数量相等。

在式（9.1）中，由于传统的理论认为实际国民收入总是处于充分就业的状态，所以 Y 是一个不变的常数。式中的 ρ 也被认为是一个常数，因为正如上文中已经说过的那样，ρ 的数值被认为是取决于风俗、习惯和社会成规，而这些因素在短期内不会作出重大的改变。

按照上述假设，当均衡时的货币数量 D 改变时，等式右边的 P 必须作出相应的改变，因为等式右边的其他两个变量均为不变的常数。如果货币数量增加一倍，那么，价格水平 P 也会增加一倍。换言之，货币数量的增加不会提高国民收入或就业量，而只能造成物价上涨。这就意味着，主要以增加货币数量为手段的货币政策和财政政策不能解决失业和经济萧条问题。此外，传统学者也认为，由于国家的投资会排挤掉私人投资，因此财政政策更加无效。

传统的西方学者往往用图 9－1 来说明价格水平（和货币数量）与实际国民收入之间的关系。

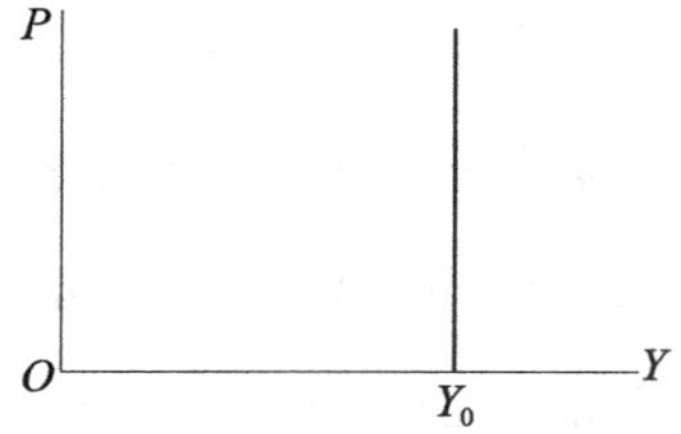

图 9－1　传统的西方学者认为的国民收入与价格水平的关系

图 9－1 中的 Y 线是一条垂直线。垂直线的意思是：不论价格水平 P 是高还是低，实际国民收入总是处于充分就业时的 Y_0 的水平。如果把传统的货币数量论结合进来，图 9－1 就能表明：

货币数量的改变只能改变价格水平，而价格水平与实际国民收入无关。换言之，货币数量的多寡对实际国民收入不会造成影响，Y 总是处于充分就业时的 Y_0 的水平。

第二节　凯恩斯的价格论

（《通论》第二十章和第二十一章）

按照凯恩斯的理论，当货币数量增加时，利息率便会降低，而在资本边际效率不变的条件下，利息率的降低会使投资增加。投资的增加再加上其乘数作用，将使国民收入及就业量增加。在这一过程中，货币数量对价格水平有何影响？

对于这一问题，凯恩斯给出了两个答案：一个是简单的答案，另一个是复杂的答案。在本节中，我们将对这两个答案依次加以说明。

用凯恩斯自己的话来说，他的简单答案是：

“为了说明这里牵涉到的观点，我们进一步加以简化并且作出下列假设条件：①所有的失业资源都是相同的，而且在进行生产时可以相互代替使用，同时又具有相同的效率；②只要存在着失业的进入边际成本的生产要素，它们便不会要求增加现行的货币工资。在这种假设条件下，只要存在着任何失业现象，生产的规模收益和工资单位均保持不变。就是说，只要存在着任何失业现象，货币数量的增加对价格没有任何影响；而且，就业量会和货币数量的增加所导致的有效需求作出完全相同的比例的增长。与此同时，一旦达到充分就业以后，和有效需求作出完全相同比例增长的变为工资单位和价格。可以看到，只要存在着失业现象，供给曲线便具有完全的弹性；一旦达到充分就业以后，供给曲线就完全没有弹性。如果有效需求和货币数量保持相同比例的改变，那么，货币数量论可以被阐明如下：'只要存在着失业现象，就业量会和货币数量作出相同比例的改变；而当充分就业存在时，价格水平会和货币数量作出相同比例的改变'。"［第 307 页］图 9－2 可以表示这一被阐明的货币数量论。

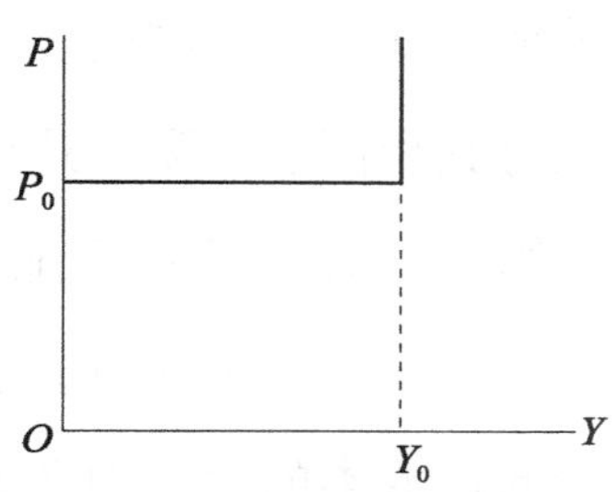

图 9－2　凯恩斯对国民收入与价格水平的关系的简单答案

图 9－2 表明，在达到充分就业的 Y_0 以前，传统的货币数量论不会发生作用。在此阶段，如果增加货币数量，价格会被维持在 P_0 的水平，如水平的 P_0 线段所示。当充分就业点到达以后，价格水平会和货币数量作出同比例的上升，如图 9－2 中的垂直部分所示。

凯恩斯的简单答案的政策含义是：处于经济萧条的时期，当大量的人力和机器设备被闲置不用时，货币数量的增加不会引起物价上涨，因此，国家可以使用膨胀性的货币政策和财政政策，一直达到充分就业点为止。

然而，简单的答案建立在严峻的假设条件之上，而在事实上，凯恩斯认为，至少有五个原因使严峻的假设条件遭到破坏，以致使现实与简单的答案之间有一定程度的背离。这五个原因是：

第一，在增加的货币数量中，一部分被用于降低利息率，并通过资本边际效率和乘数的作用使有效需求得以提高。但是，另一部分也会被用于物价的上升。换言之，货币数量和有效需求未必能保持相同比例的增长。

第二，随着就业量的增加，新就业的劳动者可以具有不同的工作效率，即具有不同的生产量。由于社会常规，同一工种的劳动者往往得到相同的报酬。这会增加生产成本，从而提高价格。

第三，就业量的增加使劳动者有着越来越大的提高工资的要求，同时，就业量的改善也使资本家易于接受这种要求。工资的提高会通过成本的上升而造成价格上涨。

第四，资源在失业时并不保持固定的比例。因此，随着就业量的增加，当某种资源尚未充分就业时，另一种资源已经变为稀缺物资，从而形成资源的“瓶颈现象”。处于“瓶颈现象”的资源的价格会因之而上升。

第五，各种生产要素的价格并不保持相同比例的上升。上升较快的生产要素更易于使价格上涨。

在考虑到上述五个原因及它们的相互影响之后，关于货币数量与价格水平之间的关系，凯恩斯给予了较复杂的答案，其内容大致为：在到达充分就业以前，货币数量会使物价作出比较缓和的上升；而在此以后，二者会作出相同比例的变化。西方学者往往以图 9－3 来表示这一答案。

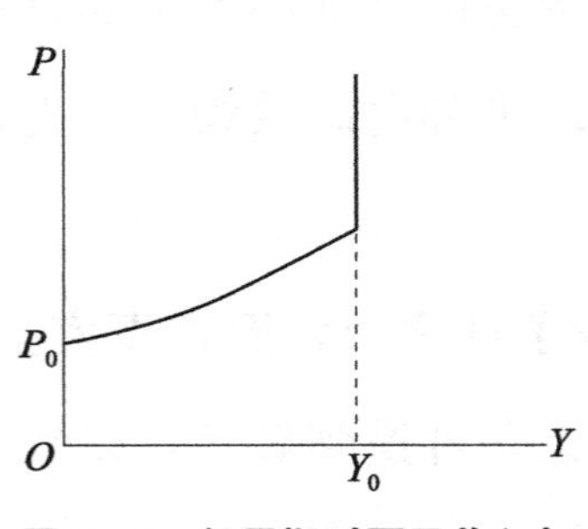

图 9－3　凯恩斯对国民收入与价格水平的关系的复杂答案

图 9－3 表明，在充分就业点 Y_0 以

前，货币数量的增加会使国民收入和就业量得以扩大，与此同时，价格水平会作出缓和的上升；当国民收入到达充分就业点 Y_0 以后，货币数量会和价格水平作出同比例的改变。

把简单和复杂的答案合并在一起，可以看到凯恩斯对传统的货币数量论的基本观点：货币数量论在充分就业以前不会发生作用或仅仅发生轻微的作用；而在充分就业到达以后，它才是完全正确的。

这一观点的政策含义是相当明显的，那就是：当经济萧条和危机状态存在时，国家可以放心地推行扩张性的货币政策和财政政策，而不必过分担心通货膨胀的威胁。正如我们将要看到的那样，至少在第二次世界大战后的20余年中，西方主要国家在不同程度上都按照这一政策方针行事。目前，这一政策方针仍然起着一定的作用，我们在第十五章中将进一步加以论述。

第三节 削减工资的建议

（《通论》第十九章）

上一节提到，凯恩斯主张用扩张性的货币政策和财政政策来解决经济萧条和危机的问题。对于这一问题，当时的传统学者很少提出解决问题的具体办法。如果说具体建议存在的话，那么，削减工资（此处指降低实际工资）便是一个显著的事例，剑桥大学的庇古教授就是这一建议的代表人物。因此，削减工资是否能解决问题成为《通论》中争辩的一个重要政策问题。

本节说明削减工资的理论基础。

削减工资的理论基础是本书第三章第二节已经提到过的传统的劳动市场论。为了说明这一问题，我们复制了该章的图 3－1，如图 9－4 所示。

图 9－4 的 DD 和 SS 依次代表劳动的需求曲线和供给曲线。正如已经说过的那样，按照传统的就业论，二者的交点，即供求均衡点决定了充分就业量 N_0 及与之相应的实际工资 W_0。这时，除了少量的自愿失业与摩擦失业以外，不存在任何非自愿失业，因为一切愿意接受现行工资 ON_0 的人都已就业。

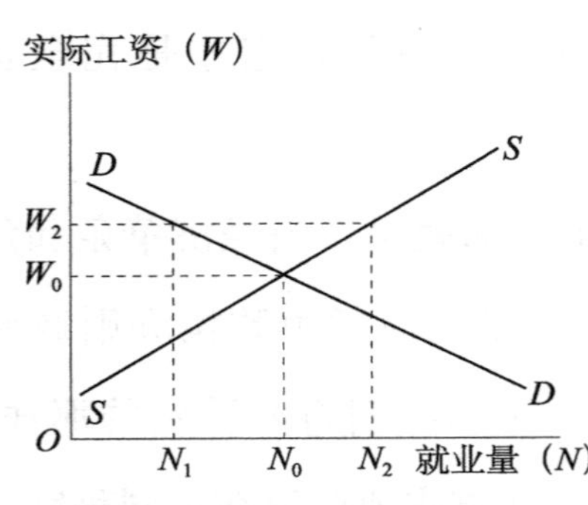

图 9－4　削减实际工资的理论根据

然而，传统的西方学者认为，资本主义社会中的工会组织人为地把工资规定在过高的 OW_2 的水平。当处于这一水平时，根据劳动的供给曲线，其供给量为 ON_2；根据劳动的需求曲线，其需求量为 ON_1。这表明，当实际工资为 OW_2 时，劳动的供给量和需求量之间的差额是 N_1N_2。差额 N_1N_2 就代表当时大量存在的失业者。

如何解决当时的失业问题，使 N_1N_2 不复存在？从图 9－4 中可以看到，解决办法是显而易见的，那就是把工资从 OW_2 降低到 OW_0。当工资等于 OW_0 时，劳动的供求相等，大量失业就不复存在了。正是根据上述理论分析，庇古教授向当时英国的麦克米伦委员会建议用削减工资的办法来解决失业问题。

第四节　对削减工资办法的否定意见

（《通论》第二章和第十九章）

对传统的削减工资的办法，凯恩斯提出了否定意见。为此，他提出了两点理由：

第一，削减工资是指削减实际工资，而实际工资又是指货币工资所能购买到的实物，如消费品等。因此，实际工资不过是一种表达货币工资的购买力的概念，而在现实社会中，劳动者的报酬仍然必须以货币工资的形式加以偿付。换言之，通行于社会的不是实际工资而是货币工资。由于这一原因，削减实际工资必须通过货币工资的削减才能实现。然而，凯恩斯认为，削减货币工资必然会遭受劳动者的抵抗，因此，它是行不通的。但是，由于是否能行得通是一个可以争论的问题，所以，凯恩斯提出的这一条反对意见并没有很大的说服力，也缺乏重大的理论意义。真正使西方学者信服的是他提出的第二个反对理由。

第二，即使劳动者同意削减货币工资，那么，这一办法也不能解决失业问题。它之所以不能做到这一点的原因可以述之如下：

削减货币工资之所以被认为能够解决失业问题，原因在于货币工资的削减会减少生产成本。在价格不变的条件下，生产成本的减少会增加企业的利润，从而刺激企业增加生产。生产的增加必然要雇用较多的劳动者并通过这一点来消除失业。

由此可见，消除失业的结果取决于价格水平是否保持不变。凯恩斯指出，当只有一家企业的职工削减货币工资时，价格水平有可能保持不变，从而，削减工资减少失业的办法可能奏效。因为价格水平的变动取决于社会购买力的变动，即取决于社会收入（即国民收入）的变动。由于一家企业的收入在社会总收入中仅占一个微小的比例，所以，一家企业的工资削减对整个社会购买力的影响不大，从而整个社会的价格水平可以大致保持不变。

然而，削减货币工资来消除失业的办法是指整个社会都削减货币工资。当整个社会都削减货币工资时，整个社会的国民收入和购买力便要下降。因此，即使削减货币工资会增加企业利润从而增加生产，但是，由于购买力的下降生产出来的产品仍然会被积压起来，而产品的积压又会迫使价格下降。价格下降一方面提高实际工资，另一方面又使利润最终为零。经过分析，凯恩斯认为，削减货币工资不但不能达到削减实际工资的消除失业的目的，反而有可能造成心理上的恐慌，使生产进一步萎缩。

对凯恩斯提出的第二点理由，庇古教授认为，这并不足以推翻削减工资来减少失业的办法。庇古承认，产品的积压会迫使价格下降，但是，价格下降造成的另一种后果可以增加就业量。他宣称：价格下降会使货币增值。货币增值一方面增加债权人的财富，另一方面又减少债务人的财富。由于私人的债权量加在一起总是和相应的债务量相等，所以当货币价值由于价格下降而提高时，私人财富的总和保持不变。然而，对国家而言，情况并不如此。

国家往往发行大量的国债，从而是一个最大的债务人；而债券的持有者，即债权人却是私人。因此，货币升值使私人变为富有，又使国家贫困。虽然如此，在理论上变为贫困的国家未必会减少开支，而变为富有的私人却会增加消费。这种情况会继续下去，一直到被积压的产品被卖完为止。通过这样的途径，失业问题可以得到解决。庇古的私人财富增加的说法被称为“庇古效应”。

按照“庇古效应”，削减工资的办法真正能解决失业问题吗？庇古本人最终承认，它虽然在理论上可以做到这一点，但是，在事实上，这是难于办到的。如果这一效应确实存在并且产生效应的话，那么，等到它发生效应的那一天，没有被饿死的劳动者恐怕已经为数不多了。

第五节　凯恩斯的工资论

（《通论》第二章和第十九章）

在本书第三章和第五章中，我们介绍了传统的工资论，以及凯恩斯对该理论的批评。我们指出，传统的工资论包括劳动的需求和供给两条曲线。对于需求曲线，凯恩斯完全同意；他否定的是供给曲线。该曲线所表达的意思为：劳动的供给量是实际工资的函数。

虽然凯恩斯对传统的劳动供给曲线加以否定，但是，他对自己的劳动供给曲线未加以准确说明。大致说来，他认为，在得到现行货币工资的条件下，劳动者愿意提供任何数量的劳动。凯恩斯的工资论或劳动市场论可以用西方学者所使用的图 9－5 加以论述。[①]

---

① 邓勃希，麦克杜格尔．宏观经济学：第 3 版，纽约：麦格劳-希尔公司，1968：203.

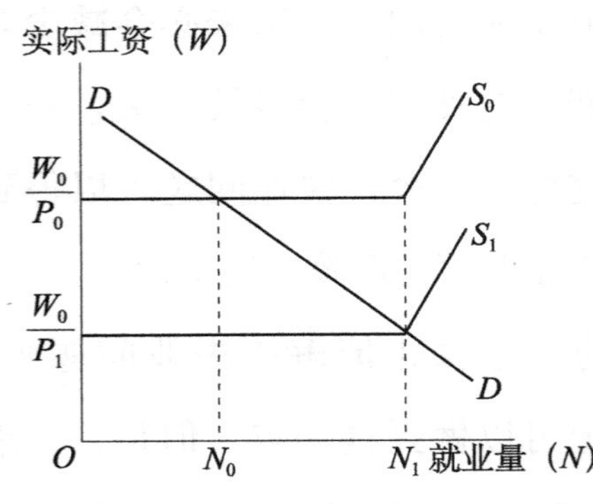

图 9-5 凯恩斯的工资论或劳动市场论

图 9-5 中的 DD 曲线与图 3-1 中的 DD 曲线完全相同，它代表凯恩斯所同意的传统的劳动需求曲线。该曲线的意思是：由于收益递减规律的作用，当就业量增加时，劳动的边际产品越来越少。这条曲线也是凯恩斯的工资论中的劳动需求曲线。

图 9-5 假设现行的货币工资为 W_0，因此，当价格水平上升为 P_0 时，实际工资为$\frac{W_0}{P_0}$，即货币工资经过价格指数调整以后的数值。按照相同的理由，当价格水平上升到 P_1 时，实际工资为$\frac{W_0}{P_1}$。在如此前提下，图 9-5 中的 S_0 和 S_1 便是在两种不同价格水平下的劳动供给曲线。

我们先考察 S_0 线。该曲线表明，在得到现行货币工资 W_0 的条件下，劳动者愿意提供任何数量的劳动，一直到充分就业时的 N_1 为止。在到达 N_1 以后，供给只能随着实际工资的增加而上升。因此，S_0 线在到达 N_1 以前是一条水平线；而在 N_1 以后，急速上升。S_1 线表示相同的意思，它和 S_0 线的唯一区别在于它所表示的是价格水平为 P_1 时的情况。相应于每一价格水平，便会存在着一条供给曲线。S_0 和 S_1 不过是其中的两个例子。

在图 9-5 中，S_0 与 DD 的交点决定了就业量 ON_0，这时的失业数量为 N_1N_0。当价格水平上升到 P_1 时，S_1 与 DD 的交点所决定的就业量为充分就业时的 ON_1，这时，非自愿失业不复存在。

从以上论述中可以看到，凯恩斯的工资论或劳动市场论也包含供给和需求两条曲线，和传统的工资论的差别仅在于供给方面。对于这一结论还必须加上一点补充：

从图 9－5 中可以看到，在现行货币工资 W_0 的条件下，如果把价格水平从 P_0 抬高到 P_1，那么，实际工资便会从 $\frac{W_0}{P_0}$ 降低到 $\frac{W_0}{P_1}$，从而供给曲线从 S_0 下降到 S_1。既然 S_1 与 DD 的交点决定了充分就业时的 N_1，那么，所有这一切是否意味着，通过物价上涨而导致实际工资下降的手段可以解决失业问题？

对这一问题的答案是否定的，因为按照凯恩斯的理论，P_0 之所以上升到 P_1，从而 S_0 之所以下降到 S_1 是整个凯恩斯理论所要说明的有效需求变动的后果，而不是造成有效需求变动的原因。这就是说，工资的变动是经济波动的后果而不是造成波动的原因，从而导致实际工资的下降不是解决失业问题的办法。图 9－5 仅仅说明在 DD 不变的条件下，凯恩斯的工资论和传统的工资论的差别。

第六节　《通论》的名称的由来

（《通论》前二十一章最基本的内容）

在《通论》的前二十一章中，凯恩斯对他的全部理论体系论述完毕；该书剩下的几章可以说是根据这一理论体系而得到的几个看法和主张。为了帮助读者掌握《通论》最基本的内容，本书有必要对全部理论体系加以说明，而说明这一点的最好办法是解释《通论》的名称的由来，即该书为什么被命名为《就业、利息和货币通论》。

关于命名中的“通”字，我们已经在本书第五章中加以说明。在这里，我们对说明作出进一步的论述。按照凯恩斯的全部理论体系，国民收入及就业量的大小取决于三个变量，即消费倾向、资本边际效率和利息率。只有这三个变量具有特殊的数值时，它们的共同作用才能使总供给曲线和总需求曲线相交于充分就业点。当它们具有其他数值时，两条曲线会相交于许多不同的就业量，如95％就业量、75％就业量等。由于凯恩斯的理论体系能够解释包括充分就业在内的一切就业量的情况，因此，他的理论含有一般性，“通”字的由来即在于此。正如他所强调的那样，“通”字的用意在于强调传统的理论只能说明充分就业的情况。因为传统的西方学者信奉萨伊定律，而根据该定律，上述三个变量总是使总供给和总需求曲线重叠在一起，即总供给永远等于总需求，从而资本主义社会总是处于充分就业状态。换言之，传统的理论缺乏一般性，因为它只涉及充分就业的特殊情况。

为什么是关于“就业”、“利息”和“货币”的通论？因为传统的西方学者把萨伊定律分解成为相互关联的组成部分，即就业论（或传统的劳动市场论和工资论）、利息论和货币论（或传统的货币数量论）。为了建立自己的理论体系，凯恩斯一方面必须驳倒传统的就业论、利息论和货币论，另一方面又必须创造出与之相应的三种理论。正是由于这一原因，所以《通论》被命名为《就业、利息和货币通论》。

这里必须指出，虽然传统的劳动市场论或工资论可以被认为是就业论，但是，凯恩斯的劳动市场论或工资论不能被看作是他的就业论。因为传统的劳动市场论可以独立地决定就业量，而凯恩斯的劳动市场论，正如我们已经指出的那样，则是已经被决定了的就业量在劳动市场上所造成的后果。

第十章　对四个重大问题的见解

（《通论》第六编）

本书第九章指出，《通论》的前二十一章已经把该书的理论体系论述完毕。在《通论》剩下的三章（即第六编）中，凯恩斯根据已经完成的理论体系对四个在经济上比较重大的问题提出了自己的见解。这四个问题分别是：经济周期、重商主义、节俭的是非论及对资本主义和传统的西方经济学的评价。本章的四节将依次对它们加以论述。

第一节　经济周期

（《通论》第二十二章）

经济周期指一国的经济活动周期性地经历繁荣、危机、萧条和复苏这四个阶段。处于繁荣阶段时，经济活动兴旺，消费和投资高涨，就业量达到或接近充分就业的状态。当经济社会达到繁荣阶段的高峰时，经济危机会突然到来，消费和投资猛烈下降，失业量剧增。在危机之后会出现萧条阶段，这时，危机所引起的经济活动的萎缩持续存在或恶化。在萧条阶段之后，经济会出现复苏的现象，各种经济活动上升，消费、投资、就业量都会逐渐改善，并且再度达到繁荣状态。当繁荣状态持续一段时间以后，危机又会到来。这四个阶段以如此方式周而复始地进行，而且每一次周期进行的时间虽然并不相等，但是，其差别往往是有限度的。由于上述原因，经济学者把这四个阶段的交替进行称作经济周期。

对于经济周期，西方学者提出了为数众多的理论加以解释。在《通论》中，凯恩斯专辟一章（第二十二章）对经济周期提出了自己的见解。他的见解就是把《通论》的理论体系应用于对经济周期的解释。

一个合格的解释经济周期的理论至少应该具备三个条件：第一，指出造成经济周期的主要因素和次要因素；第二，根据这些因素对经济周期四个阶段进行解释；第三，根据这些因素对经济周期持续的时间加以解释。结合这三个条件，《通论》对经济周期的解释可以被述之如下。

（1）经济周期的主要因素和次要因素。经济周期是经济活动的波动的表现，而凯恩斯的理论体系的核心内容是用消费倾向、资本边际效率和利息率这三个因素来对经济波动加以解释。在这三个因素中，凯恩斯认为，造成经济周期的主要因素是资本边际效率，而消费倾向和利息率则为次要因素。他认为，投资的变动是导致经济波动的决定性原因，而资本边际效率的变化又是造成投资变动的主要因素。资本边际效率之所以被认为是主要因素，原因在于：它的数值可以发生剧烈的变动，而消费倾向和利息率则具有相对的稳定性。

为什么资本边际效率的数值可以发生剧烈的变动？因为它的数

值取决于两个因素，即机器设备的市场价格和预期收益，而预期收益又取决于人们对前途的预期。

正如我们在本书第八章第二节已经看到的那样，人们对前途的预期并没有多少可靠的依据，从而他们对他们的预期并没有多大的信心，因此，他们的预期往往建立在社会对前景的一般见解上，而这种见解又会发生剧烈的变化。由于信心的剧烈变化，所以长期预期，从而预期收益，也会发生剧烈的变化，以致资本边际效率出现大幅度的上下波动。这种大幅度的资本边际效率的波动再加上相对稳定的利息率，使得投资量易于作出巨大的变化。

作为衡量经济波动的指标，国民收入由消费和投资两个部分组成。由于消费取决于相对稳定的消费倾向，所以国民收入的波动主要来自投资的波动，而投资的波动又主要取决于资本边际效率的变化。因此，作为表现经济波动的经济周期，其形成的主要因素是资本边际效率。

(2) 对经济周期四个阶段的解释。为了论述方便，我们从繁荣阶段开始。

我们知道，按照《通论》的说法，资本边际效率取决于两个因素，即机器设备的市场价格和预期收益。当处于繁荣阶段时，人们对经济前景具有非常乐观的态度，从而使预期收益处于较高的水平。较高水平的预期收益使得人们开始竞相购买机器设备。虽然机器设备的市场价格由于竞相购买而略有上升，但上升的幅度有限。因此，资本边际效率处于很高的数值。这一很高的数值，再加上相对稳定的利息率促进投资的高涨。高数量的投资通过投资的乘数作用，使得国民收入和就业量大幅提高，而大幅提高的国民收入和就业量又会提高消费。消费品的畅销反过来再度使资本边际效率和投资量上升。消费和投资之间的这种相互促进导致国民收入和就业量持续上升，造成了经济周期中的繁荣阶段。

繁荣阶段给自己埋下了危机的种子。持续的繁荣使人们对经济前景的预期过于乐观，从而使资本边际效率升高到与现实脱离的水平。一方面，过高的资本边际效率造成了过度投资，而过度投资所生产出来的产品已经在市场上大量出现。另一方面，随着国民收入和就业量的增加，边际消费倾向会持续下降，并由此使乘数下降。因此，投资的增加所能引起的消费量的增加越来越少。这种生产与消费之间的矛盾日益严重，被积压起来的滞销产品大量出现。与此同时，机器设备的市场价格则居高不下，这使得资本边际效率下降。对经济前景持观望或惶恐的人数大为增加。当处于这种状态时，一遇风吹草动，如股市的剧烈下降，人们的信心则立即崩溃，从而使资本边际效率剧烈下降，甚至下降为负数，即人们认为任何投资必将亏本。资本边际效率的下降再加上相对稳定的利息率，促使投资减少。投资减少通过乘数的反作用又使消费减少。特别应当指出的是：由于边际消费倾向随着国民收入的下降而提高，所以当投资下降时，乘数对国民收入所施加的负面影响越来越大。上述原因使得国民收入和就业量剧烈下降的危机终于到来。

在危机之后的萧条状态，人们的信心低下，从而资本边际效率的数值非常微弱，甚至变为负数。这种状态再伴随着相对稳定的利息率和“流动性陷阱”现象使得人们难于进行投资，而大多数人仅能维持过得去的消费水平。当处于萧条阶段时，百业萎缩，整个社会必须缓慢地消耗掉繁荣时期所造成的过剩的投资品和消费品。

然而，萧条阶段也给下一次的繁荣铺设了道路。当萧条阶段把上一次繁荣阶段所造成的过剩的投资品和消费品消耗净尽或接近于消耗净尽时，商店的存货已经为数不多，而工厂的机器设备则由于老化或磨损而存在着更换的需要。与此同时，消费品和机器设备的价格仍然较为便宜。因此，市场上对消费品和投资品的需求开始上升。需求的上升使得人们对经济前景的信心复苏，从悲观转变为乐观，而信心的复苏又提高了资本边际效率的数值。这样，复苏的资本边际效率再度把经济社会引导到繁荣阶段。

（3）对经济周期持续的时间加以解释。凯恩斯认为，在经济周期的四个阶段中，危机和复苏主要取决于人们信心的转变，即由乐观转变为悲观或由悲观转变为乐观。这种信心的转变所需要的时间虽然难于捉摸，然而大体说来是比较迅速的。关于繁荣阶段持续的时间很难估计，因为它取决于较多的外界因素，如是否存在着新的科学技术的发明，以及突发的对投资品和消费品的需求等。

但是，凯恩斯认为，萧条阶段存在的时间是可以估算的。这一阶段存在的时间取决于两个因素：

第一，机器设备被磨损掉或老化所需要的时间。在正常的使用下，机器设备被磨损掉的寿命往往是可知的。除了磨损寿命以外，还必须考虑由于技术的改善，使用原有的设备不再有利的老化时间。总的说来，磨损或老化时间的长短部分地决定了萧条持续时间的长短。

第二，消除掉积压存货的时间。销售或处理商店和工厂积压的存货需要一定的时间。它取决于社会购买力和存货被积压的成本，如仓库费用和折旧费用等。购买力和费用越高，消除的时间则越快。

考虑到所有的因素，凯恩斯认为，对于一个现代经济社会而言，萧条持续的时间大致为三到五年。

总之，关于经济周期，凯恩斯认为，造成它的决定性因素是资本边际效率。根据这一因素，他解释了经济周期的四个阶段和持续的时间。

第二节　重商主义

（《通论》第二十三章）

重商主义是流行于15世纪—17世纪的西方经济学说，这一期间大致相当于资本主义的原始积累时期。重商主义含有两个主要观点：第一，认为只有贵金属（金和银）才是财富的代表。第二，在国际贸易上，一国应该争取贸易顺差，也就是使一国的出口大于其进口，以便使别国由于偿付该国的贸易顺差而支付给该国的贵金属增加。换言之，由于贵金属代表财富，所以一国要想增加财富，则必须在国际贸易上争取贸易顺差，以便得到更多的贵金属。

在资本主义的原始积累时期以后，特别是由于亚当·斯密的《国富论》对它的批判，重商主义在西方被认为是错误的经济思想。在《通论》中，凯恩斯根据自己的理论体系对重商主义作出了新的评价。他认为，重商主义虽然就其总体方面而言是错误的，但是，它仍然含有两个值得重视之点。

凯恩斯对重商主义重新评价的重要性在于：它一方面把他的理论体系扩大到了国际经济领域，另一方面也成为建立世界银行和国际货币基金组织的一个理论根据。而这两个国际经济组织目前仍在发挥其作用。

在本节中，我们将对上述两个方面的内容依次加以说明。

就理论体系扩大到国际经济领域而论，凯恩斯认为，重商主义所追求的贸易顺差对于提高一国的国民收入或就业量具有“一箭双雕”[第 347 页] 的功效。其原因在于：首先，贸易顺差代表一国的出口大于其进口的部分，也就是一国向外国出口的消费和投资大于外国向该国进口的消费和投资的部分。因此，在该国的消费和投资之外，贸易顺差代表该国由于对外贸易而造成的额外的消费和投资。按照凯恩斯的理论，这笔额外的消费和投资不但会直接增加国民收入或就业量，而且会通过乘数的作用使增加的国民收入或就业量得以扩大。其次，具有贸易顺差的国家会使其国内的货币数量增加。因为为了偿付顺差，外国必须向该国输入贵金属，而在重商主义的时代，贵金属就是货币。按照凯恩斯的理论，货币数量的增加可以降低利息率。在资本边际效率不变的条件下，利息率的降低可以提高投资，从而提高国民收入或就业量。当然，贸易逆差会造成相反的结果。贸易的顺差和逆差可依次被看成一国总消费和投资的增加和减少，凯恩斯因此把国际贸易纳入他的理论体系。

根据上述理由，凯恩斯认为，重商主义是有其可取之处的。可取之处在于它看到了问题的存在。因为当处于重商主义时代时，任何国家都无法控制货币数量和利息率，从而获取贸易顺差成为解决失业问题的唯一手段。

但是，他同时也认为，重商主义没有找到正确解决问题的手段，因为争取贸易顺差必将遭到贸易保护主义的报复，如通货贬值、关税壁垒、外汇管制等。由于这些报复手段的使用，虽然每一个国家都企图获取贸易顺差，但没有任何国家能够达到这一目的。其后果往往是两败俱伤。各国不但达不到获取顺差的目的，反而使整个国际贸易量萎缩。关于这一点，在本书第二章有关大危机后的萧条状态中已经提及。

为了解决争取贸易顺差和保护主义之间的矛盾，凯恩斯倡导并协助成立了布雷顿森林体系，它主要包含两个国际经济组织，即目前仍然存在的国际货币基金组织和世界银行。

这两个国际经济组织的成立与《通论》所阐明的理论有关。按照《通论》所阐明的凯恩斯的理论，各国的失业问题可以通过各自的货币政策和财政政策得以解决。因此，通过贸易顺差来解决失业问题既无必要，也不可能。但是，国际贸易的现实表明，各国间的贸易确实会存在短期的不平衡现象。这种现象首先应该由有关国家自行解决；在特殊情况下，可以由国际货币基金组织的贷款予以解决。该组织的成立即是为了解决各国间短期贸易的不平衡问题。世界银行成立的宗旨在于解决各国长期经济发展的问题，它成立时的主要任务是复兴第二次世界大战后西方各国遭受战争创伤的经济。

为了成立上述两个国际经济组织，包括英、美在内的 44 个国家于 1944 年 7 月在美国新罕布什尔州的布雷顿森林举行了会议。会议的主要议题之一就是讨论代表美国意见的怀特计划和代表英国意见的凯恩斯计划。虽然由于美国国力的强大，怀特计划占有上风，但在基本思路上，凯恩斯的理论仍然发挥了一定影响。

第三节　节俭的是非论

（《通论》第二十三章）

节俭是一种美德，还是一种弊端？这个问题对促进资本主义的形成发生巨大作用的清教徒教会而言，答案当然是美德，而且这一答案是不容置疑的。为了说明这种答案的正确性，传统的西方经济学对它予以进一步的阐述。他们认为，归根结底，节俭是储蓄，从而也是资本积累的来源，而资本积累又会促进社会物质生产的增加，因而使整个社会获得利益。

然而，按照凯恩斯在《通论》中阐明的理论，传统学者的答案有失于简单化，因为他们在作出答案时，没有把失业问题考虑在内。

根据凯恩斯的理论，消费是国民收入或就业量的组成部分。节俭意味着消费量的减少，因而使国民收入或就业量降低。如果把就业问题考虑在内，节俭是否为美德还要看就业是否达到充分就业的状态而定。在充分就业的状态下，节俭当然是一种美德；但是，当失业问题存在时，节俭未必就是一种美德。有时甚至是一种弊端，因为它可以带来加重失业的后果。

为了说明节俭的是非论，凯恩斯举出曼德维尔的著作《蜜蜂的寓言》作为例证。

伯纳德·曼德维尔（1670—1733）生于荷兰，定居于英国。他的《蜜蜂的寓言》第一版于1714年出版。该书使用了勤劳蜜蜂的生动的例子来说明下列观点：

"由于被某些人称为储蓄的这种谨慎节约的行为是私人增加财富的最肯定的方法，所以有些人就设想，不论一国生产能力是小还是大，如果普遍使用（这些人认为是现实可行的）相同的方法，那么，整个国家会得到相同的结果。例如，如果英国人像其某些邻国的人那样节约，那么，他们可以比现在远为富有。我认为，这一点是错误的。"［转引自《通论》，第373页］

该书的结论是：

"使一国处于我们称之为繁荣的康乐状态之道就是向每一个人提供就业机会。为了实现这一目的，政府应该：第一，促进尽可能多的不同类型的制造业、技术业和手工艺业，多到人类的智慧可以发明的程度。第二，奖励农业和渔业以及其各种分支行业，从而，迫使整个地球和人各尽其力。正是这种政策，而不是微不足道的对奢侈和挥霍的限制，才能使国家达到伟大和幸福的目标。因为，不论金和银的价值是上升还是下降，一切社会所享受之物总是取决于土地的果实和人的劳动；二者结合在一起，相对于秘鲁的金和玻利维亚的银而言，是一种更加肯定、更加难于枯竭和更加真实的财富。"［转引自《通论》，第373～374页］

该书出版后，在当时的英国被列为禁书。凯恩斯使用该书作为例证，一方面在于说明节俭是美德的说法在传统经济思想中已经达到根深蒂固的程度；另一方面也企图指出，早在《通论》出版以前，已经有人提出，在决定节俭是否为美德时，必须把失业问题考虑在内。

第四节　对资本主义和传统的西方经济学的评价

（《通论》第二十四章）

本节涉及的内容为《通论》的最后一章，其标题为“对《通论》可以引起的社会哲学的简要总结”。总的说来，在该章中，凯恩斯对资本主义和传统的西方经济学作出了评价。他一方面对二者提出了批评，另一方面又认为它们都是值得保留的事物。

必须指出：由于评价关系到个人的感受和理念，而个人的感受和理念很难用文字表达得准确无误，所以有的读者可以从本章中看出凯恩斯的激进思想，而另一些读者则会认为凯恩斯的思想还是相当保守的，甚至是资本主义的捍卫者。为了使读者能作出自己的评价，本节中较多地引用了《通论》的原文。

凯恩斯对资本主义和传统的西方经济学的评价大体上可以被区分为五个问题：收入的不平等、食利者阶层的消亡、对传统的西方经济学的评价、国际经济交往及《通论》在思想上的作用。对于这五个问题，下文将依次加以说明：

第一，收入的不平等。凯恩斯一方面认为，收入的不平等使得消费倾向的数值低微，而低微的消费倾向又是失业和危机的根源。

因此，他主张应该减少收入不平等的程度。对此，他写道：

“我们生活于其中的经济社会的显著弊端是：第一，它不能提供充分就业；第二，它以无原则的和不公正的方式来对财富和收入加以分配。本书的理论对第一个弊端的作用是显而易见的。但是，它在两个重要的方面也与第二个弊端有关。

“自从19世纪末以来，通过直接税的手段——所得税、超额所得税和遗产税——特别是在英国，消除财富和收入方面的非常巨大的差异的工作已经取得相当大的进展。许多人愿意把这一过程推向远为更加前进之处，但是，两点考虑使他们踌躇不前。一方面，他们害怕，这会使逃避税收成为很值得干的事情，并且还会过分减少冒风险的动机。但我相信，他们的另一个方面的主要考虑之点是：他们相信，资本的增长取决于个人储蓄动机的强弱，而资本增长的一个很大比例的部分取决于富人来自他们剩余金钱的储蓄。我的理论并不影响第一种考虑；但在相当大的程度上，它可以修改我们对第二种考虑的态度。因为，我们已经看到，在到达充分就业状态以前，资本的增长完全不取决于消费倾向的数值低微的程度，而且，恰恰相反，后者会有碍于前者的实现。只有在充分就业的条件下，数值低微的消费倾向才有助于资本的增长。不仅如此，经验表明：在现有情况下，企业的储蓄以及偿债基金所代表的储蓄已经超过所需要的数量，从而，采用可能提高消费倾向的收入再分配的措施肯定会有助于资本的增长。”［第386～387页］

因此，他继续写道：“这样，我们的论述可以使我们得出结论，即财富的增长远不取决于富人的节欲，像一般所假设的那样；它的增长反而会受到富人节欲的阻碍。因此，支持财富应具有很大差别的一个主要论据已经不能成立。我并不是在说，在其正确性不为我们理论所影响的各个论据中，任何一个都不能在一定情况下支持某种程度的财富分配的不平等。但我们的理论确实清除掉了其中一个最重要的理由，正是由于这个理由，我们才一直认为必须谨慎从事。这一点特别影响我们对遗产税的看法，因为，有些支持财富的不平等的论据不适用于遗产的不平等。”［第 387 页］

然而，另一方面，他又认为，收入的不平等具有激励积极性的作用。他说：

“以我而论，我相信，存在着社会上的和心理上的理由来认为：相当大的财富和收入的不平等是合理的，但不平等的程度应该比目前存在的差距为小。有价值的人类活动的一部分需要赚钱的动机和私有财产的环境才能取得全部效果。不仅如此，通过赚钱和私有财产的存在，人类的危险的癖好可以被疏导到比较无害的渠道之中，而癖好如果不以此种方式得以满足，那么，它们会被用于残暴、肆无忌惮地对个人权力和权威的追求以及其他方式的自我高大化。人们对他们自己的银行存款实施暴政比他们对他们的同胞们实施暴政要好一些。虽然前者有时被谴责为不过是到达后者的手段，但至少在有的时候，前者提供了一个可供选择的渠道。即使如此，为了刺激这些可供选择的活动和满足这些癖好，并没有必要像现在那样，给参加游戏的赢家提供如此之多的胜利品。较少的胜利品也能达到同一目的，一旦参与者习惯于此的话。改变人类本性的任务决不能混同于管理人类本性的任务。虽然在理想的国家中，可以通过教育、感化和养育来使人们对胜利品漠不关心，但只要一般的人，甚至社会中相当多的一些人仍强烈地沉湎于赚钱的癖好，那么，稳健的政治家就应该让游戏在规则和限度的约束下继续进行下去。”［第387～388页］

第二，食利者阶层的消亡。凯恩斯认为，食利者阶层的存在是由于资本的稀缺性。一旦资本的积累使稀缺性消失，那么，食利者阶层便会自动消亡而不需要通过革命斗争来做到这一点。他写道：

“然而，对于财富不平等的前景，从我们的论点中，还可以得到一个远为更加重要的第二个有关之点，即我们的利息论。到目前为止，认为利息率应该具有适当高的数值的理由在于利息率必须提供足够多的储蓄诱导。但我们已经说明，有效的储蓄数量必然要取决于投资的规模，而投资规模却为低数值的利息率所推动，如果我们不以此种办法把投资规模推进到相当于充分就业之点以外的话。由此可见，如果在既定的资本边际效率之下，把利息率减少到使充分就业得以实现之处，那么，那将是对我们最有利的。

“毋庸置疑，上述原则会使利息率远低于迄今在市场上存在的利息率。以我们所能推测到的资本数量的增加对资本边际效率的影响而论，如果要继续大致维持充分就业，那么，利息率很可能要持续下降——除非整个社会的消费倾向（包括国家在内）有着很大的改变。

“我感到肯定的是，对资本的需求具有严格的限度；其意义为：把资本数量增加到使它的边际效率下降到很低的数值是不难做到的事情。这并不意味着使用资本设备几乎不用支付代价，而仅仅是说，资本设备的收益在补偿它的折旧和老化费用以后，再减去偿付风险以及技能和决策的运用的费用，剩下来的属于资本所有者的数量不会有多少。简言之，耐用品在它们生命期间的总收益会和非耐用品的情况一样，包含它们的生产的劳动成本再加上对风险以及对技能和监督代价的补偿。

“虽然这种状况相当符合于某种程度的个人主义，但它意味着食利者阶级的消亡，从而也意味着资本家利用资本的稀缺性来扩大其压迫力量的消亡。在今天，利息之不代表对真正作出牺牲的补偿的程度并不亚于土地的租金。资本所有者能得到利息的原因是资本的稀缺，正和土地所有者能得到地租的原因是土地的稀缺一样。但是，土地的稀缺可以来自与土地的固有特性有关的原因；然而，资本的稀缺却没有与资本的固有特性有关的原因。如果把造成资本稀缺的原因看作与资本特性有关的原因，即必须以利息率作为报酬才能使人们作出真正的牺牲来进行积累这一原因，那么，在长期中，这一原因将不复存在，除非在个人的消费倾向具有特殊性的场合。在这种场合中，消费倾向具有如此特殊的数值，以致在资本具有足够充沛的数量以前，充分就业条件下的净储蓄量已经为零。但即使在这种场合，国家机构仍然可以使社会的储蓄被维持在一定的水平，以致能使资本数量继续增长，直到它不再稀缺时为止。

“因此，在我看来，当资本主义的食利者阶级的这一方面完成了它的任务以后，它会作为一个过渡阶段而消失掉。一旦它的食利者阶级的方面消失掉，资本主义的其他方面会有重大的改变。此外，我的主张还有一个很大的有利之处，即食利者阶级和已经没有社会职能的投资者绝不会突然消亡；就像我们近来在英国所看到的那样，它们的消失会是一个逐渐而漫长的过程，从而不需要进行革命斗争。”［第388～390页］

不仅如此，在凯恩斯看来，还可以通过税收政策来使企业家为社会服务。他又写道：“在政策实践上，我们可以树立两个目标（都是可以在实际上达到的）：一方面，增加资本数量，一直到它不再稀缺时为止，从而，已经没有社会职能的投资者不再能坐享利益。另一方面，建立一个直接税制度，使得理财家、企业家和类似的人物（他们如此喜爱他们的职业，以致可以用远为便宜的代价来取得他们的劳务）的智慧、决心和经营的才能可以通过合理的报酬被引导到为社会服务的渠道。”［第390页］

第三，对传统的西方经济学的评价。凯恩斯认为，正如他屡次指出的那样，传统的西方经济学的缺点在于没有照顾到小于充分就业的情况。只要对这一点加以补足或改正，它还是正确的。他说：

“我们对已被接受的古典学派理论的批评，重点不在于找出它的分析中的逻辑错误，而在于指出，它所暗含的假设条件很少或者从来没有得到满足，其后果为，它不能解决现实世界中的经济问题。然而，如果我们的中央控制机构能够成功地把总产量推进到相当于在现实中可能达到的充分就业水平，那么，从这一点开始，古典学派的理论仍然是正确的。如果我们假设总产量为既定的，即取决于古典学派思想体系以外的力量或因素，那么，我们对古典学派的分析并没有反对意见。我们不反对它所分析的私人的利己动机如何决定生产何种产品，以何种比例的生产要素来进行生产，以及如何把产品的价值在生产要素之间加以分配。还有，虽然我们在节俭问题上与古典学派的想法不同，但对现代古典学派理论关于在完全和不完全竞争的条件下的私人和社会利益的一致程度没有意见。由此可见，除了由中央控制的必要性来实现消费倾向和投资诱导之间的协调以外，我们没有比过去提出更多的理由使经济生活社会化。

“更具体地说，我看不出任何理由来认为，现有的经济制度对已经被使用的生产要素具有严重的使用不当之处。当然，存在着预期的失误问题；但是，这些问题并不会由于中央集中的决策而得以避免。当在10 000 000个愿意而且能够工作的人中，有9 000 000个人被雇用时，又没有证据表明，这批9 000 000人有被使用不当之处。对现有的经济制度，我们的不满意见并不是这批9 000 000人应该被使用于和过去不同的任务，而是应该为剩下来的1 000 000人提供使其就业的任务。现行经济制度的缺点，并不在于已就业的人如何加以使用的问题，而在于就业量的多寡问题。

“因此，我同意格塞尔的意见，认为弥补古典学派理论的缺点不是把那个‘曼彻斯特制度’清除掉，而是指出经济力量或经济因素的自由运行所需要的环境，以便实现生产的全部潜力。保证充分就业所必需的中央控制当然会大为扩充传统的政府职能。除此以外，现代古典学派理论本身也要求我们注意到各种不同的情况，而在这些不同情况下，对经济力量或因素的自由运行有必要加以制止，或加以引导。尽管如此，仍然会留下广阔的天地使私人在其中运用他们的动力和职能。在这个天地中，传统的个人主义的有利之

处仍然会继续存在。”［第 392～393 页］

按照凯恩斯的意见，传统的西方经济学对市场的有利作用的阐述是正确的，他接着写道：“让我们在这里稍加停留，以便提醒我们自己，这些有利之处是什么。有利之处的一部分是效率——分散化和利己心能够运行的有利之处。决策分散化和个人负责制的有利之处甚至比 19 世纪所设想的也许还要大一些，而且，反对借助和利用利己心的意见似乎有点过火。但无论如何，如果能去掉个人主义的缺点和滥用，那么，它仍然是个人自由的最好保障，其意义为：和其他任何制度相比，它在很大程度上扩大了个人选择的范围。它也是生活多样化的最好保障，因为，生活多样化恰恰来自被扩大了的选择范围。在生活单调一致或集权国家的各种损失中，缺乏生活多样化是其中最大的损失。因为这种多样化保存了能体现以往各代人的最妥善和成功的选择的传统。它以它的多样化的花式来使现实具有光彩。此外，由于它是经验、传统和想象的结晶，它也是改善将来的最有力的工具。”［第 393～394 页］

总的说来，无论对传统的西方经济学，还是对资本主义的批评，凯恩斯自己认为，《通论》的观点都是相当保守的。他写道：“在其他方面，本书以上的理论在含义上是相当保守的。因为，虽然本书指出，现在主要听任于私人主动性支配的某些事物应加以集中控制的重大意义，但是，仍然存在着广泛的领域，其中的活动不受影响。对于消费倾向，国家将要部分通过赋税制度，部分通过利息率的涨落，和部分通过其他手段来施加引导的作用。还有，单靠银行政策对利息率的影响似乎不大可能决定投资的最优数量。因此，我感觉到，某种程度的全面的投资社会化将要成为大致取得充分就业的唯一手段；当然，这并不排除一切形式的折中方案，而通过这种方案，国家当局可以和私人的主动性结合起来。但除此以外，似乎很难证实囊括绝大部分社会经济生活的国家社会主义的必要性。重要的并不是生产工具的国有化。如果国家能决定被用于增加生产工具的资源数量，并且能决定对生产工具所有者的报酬的基本额，那么，它就应被认为是完成了它应尽的职责。此外，必要的社会化的步骤可以逐渐采用，从而不会割断社会的一般传统。”［第391～392 页］

第四，国际经济交往。凯恩斯认为，国家之间的战争往往起因于经济上的矛盾。如果各国能按照他的理论来解决各自的充分就业问题，从而没有必要在国际交往中强求以邻为壑的贸易顺差，那么，战争的经济原因便会因之而消除。对此，他写道：

“战争具有种种原因。对于独裁者和其他的类似人物而言，至少在他们的期望中，战争会给他们带来愉快的兴奋状态。他们感到，比较容易利用人们的好勇斗狠的心理。但在此以外，协助他们煽起群众的激情烈火的却是战争的经济原因，即人口压力和对市场的争夺。由于很可能是上述第二类原因而在 19 世纪中起着决定性的作用，并且还可能再度如此，所以，在此加以讨论是相宜的。

“我在上一章已经指出，处于国内的自由放任和国际上的金本位这种 19 世纪下半期的典型体制中，除了向外争夺市场以外，一国的政府在国内没有其他办法来缓解本国的经济不振的问题。因为，在这种体制下，除了改善国际收支中的顺差的手段以外，一切的有助于解决长期或间歇性的失业状态的办法都被排除在外。

“这样，当经济学者们在一如既往地颂扬既存的国际经济体制，说它能提供国际分工的果实，同时又能调和各国的利益时，他们掩盖了一个不那么美好的作用。常识和对实际事务的正确理解使政治家们相信，如果一个在传统上为富裕的国家忽视市场的争夺，那么，它的繁荣会衰落并以失败告终。但如果各国都能学习到用国内政策来为它们自己维持充分就业（而且，我们还必须加上一句，如果它们也能使它们的人口趋向保持均衡），那么，就不会存在重要的经济原因来使一国的利益和它邻国的利益相对立。在如此的条件下，仍然存在着正当的国际分工和国际借贷活动的余地。然而，在这里，却不再有紧迫的动机来迫使一国把它的商品强加于另一国，或迫使一国排斥其他国家的商品销售，而这种强加和排斥并不是由于它是否有能力偿付它所愿意购买的商品的考虑，而是出于公开表示的破坏国际收支平衡的目标，以便为自己取得贸易顺差。国际贸易将不再像它现在那样，即作为一个维持国内充分就业的铤而走险的权宜之计，强行向外国市场推销并限制从那里购买的数量。即使是成功的话，这种方法也不过仅仅把失业问题转嫁给邻国，而邻国则因之而会在斗争中受到损害。在我们的新的体制中，国际贸易会成为在互惠的条件下，合乎意愿和不受阻挠的物品和劳务的交换。”［第 395～396 页］

第五，《通论》在思想上的作用。在这里，凯恩斯比较含蓄地宣称：如果《通论》的思想能被接受，那么，整个世界的情况将会因之而改善，从而该书会具有重大的作用。他说：

“实现这些思想仅仅是不着边际的希望吗？它们是否奠基于足够的人类动机之上，而这种动机又能控制政治社会的演变？被它们所伤害的利益的体现者是否比它们为之效劳的人要更为强大和明确？

“我不想在这里提供答案。答案需要一本与此不同性质的著作，才能仅仅以提纲的形式表示出把这些思想逐渐付诸实施的各种实际办法。但如果思想是正确的——作者必须假设如此，然后再据此而进行写作——那么，我敢作出预言：要想否定它们在一段时期后所产生的力量会是错误的。在目前，一般人都渴望有一个更加基本的诊断；特别易于接受它；而且，甚至只要它在表面上合乎情理，就急于试行把它付诸实施。然而，撇开这种当代的情绪不谈，经济学家和政治哲学家们的思想，不论它们在对的时候还是在错的时候，都比一般所设想的要更有力量。的确，世界就是由它们统治着。讲求实际的人自认为他们不受任何学理的影响，可是他们经常是某个已故经济学家的俘虏。在空中听取灵感的当权的狂人，他们的狂乱想法不过是从若干年前学术界拙劣作家的作品中提炼出来的。我确信，和思想的逐渐侵蚀相比，既得利益的力量是被过分夸大了。诚然，这不是就立即产生的影响而言，而是指一段时期以后；因为，在经济学和政治哲学的领域中，在 25 岁或 30 岁以后还受新理论影响的人是不多的，因此，公职人员、政客甚至煽动者所应用的思想不大可能是最新的。但是，不论早晚，不论好坏，危险的东西不是

既得利益，而是思想。”［第 396～397 页］

在以上引文中，从“经济学家和政治哲学家们的思想”开始，一直到引文结束是《通论》全书最后一段的部分内容，也是它在西方最被经常引用的段落。

第十一章　货币政策

（散见于《通论》各章）

《通论》的目的在于对资本主义市场经济的失业和萧条状态作出理论上的解释，并且根据解释来提供解决问题的对策。这些对策可以被区分为两种，即货币政策和财政政策。

虽然提供政策建议是《通论》的一个重要主题，然而在该书中，凯恩斯不但没有为政策设置专章，而且也没有在任何地方对政策作出系统的论述，在有关政策方面，他仅仅作出片断的论述，而且论述散见于各章之中。他之所以对政策方面作出如此处理，笔者认为，原因在于：有关货币政策和财政政策的素材已经是当时的经济学者所必备的知识。由于这一原因，把经济学者作为读者对象的《通论》没有必要再对政策方面加以详细的说明。

不论凯恩斯忽视政策论述的原因为何，对一般读者而言，缺乏对西方货币政策和财政政策方面的基本常识很可能造成理解《通论》的困难。因此，本书设置了货币政策和财政政策两章，目的在于提供政策方面的一般知识。在这里必须说明，政策方面所涉及的因素是复杂而广泛的，而在这里的两章中，我们对这些因素作了大量的简单化，从而这两章的内容只能被看作是理解《通论》的必备知识，而不是对政策的系统性论述。

本章仅论述货币政策，财政政策将在下一章中加以说明。

第一节　西方国家的银行制度

货币政策所涉及的方面遍及全部金融领域，而银行制度不过是金融领域的一个组成部分。在这里，为了简单化，我们把银行制度作为金融领域的代表。即使以银行制度而论，各国的制度也并不一致，我们在这里所说的不过是大体相同的事实。

西方国家的银行制度由一家中央银行和为数众多的商业银行所组成。前者是一个官方或半官方的机构，它并不直接面向群众，而是一个管理商业银行的机构，并通过对商业银行的管理来执行国家的货币政策。后者是私营企业，以利润为目的，直接向公众提供金融服务。

商业银行主要依靠它的放款和存款之间的利息差额来牟取利润。对它的放款，即它借给公众的款项，收取较高的利息；对它的存款，即公众借给它的款项，给予较低的利息。二者的差额便是它的利润的来源。因此，为了牟取利润，商业银行必须不断地进行放款和接受存款。

商业银行的存款可以被分为两个部分。一部分是公众直接存入的款项。例如，一人或一家企业向商业银行存入的 100 万元。另一部分是商业银行向公众提供的放款。例如，如果商业银行同意向一人或一家企业放款，如借给它 100 万元，商业银行固然可以马上支付给此人 100 万元的现款，然而，实际的情况往往不是这样。商业银行往往给此人或该企业开设一个100万元的存款户头。以如此方式，商业银行的放款就构成了它的存款的另一部分。当然，此人或该企业可以立即把这笔存款取走，然后这笔存款便会被消除掉。

为了防备存款者随时提取存款，商业银行必须在手中放有一笔现款。这笔现款被称为银行的准备金。准备金的数量并不与存款数量相等，而仅占有后者的一部分。因此，西方的银行制度被称为“部分准备金制度”。一家商业银行的准备金与它的存款之间的比例被称为法定准备率，法定准备率由中央银行规定，违反者要受到处罚。法定准备率一般处于1%到10%之间，取决于经济情况、银行的类别等。

商业银行的准备金必须存放于中央银行，而中央银行对这笔存放的准备金并不支付利息。读者可以想象，在一般情况下，商业银行绝不会使它存放于中央银行的准备金超过法定的数量。因为中央银行对存放于它的准备金不支付利息，所以，如果商业银行存放于中央银行的准备金超过法定的数量，那么，这笔超过法定数量的准备金等于把资金投放于无利可图的事业，精明的商业银行是绝不会这样做的。

第二节　准备金与银行存款的多倍扩大

由于西方的银行制度是一个部分准备金的银行制度，所以准备金数量的增减可以造成存款数量几倍于准备金增减的数量。在理想的情况下，这里的倍数等于法定准备率的倒数。例如，假设法定准备率为 10%$=\frac{10}{100}$，那么，倍数就是$\frac{100}{10}=10$。倍数为 10 的意思是：准备金每增加或减少 1 元，整个商业银行体系的存款数量的总和便会增加或减少 10 元。为什么部分准备金制度可以造成银行存款的多倍扩大与收缩？这里用一个例子加以说明。

假设某人或某企业把 1 000 元现款存入一家商业银行，为了方便起见，我们把这家银行称为第一级银行。当 1 000 元现款被存入第一级银行后，第一级银行的准备金（它持有的现款）和存款都增加了 1 000 元。再假设法定准备率为 10%，那么，准备金和存款同时增加 1 000 元意味着第一级银行具有 900 元的多余准备金。因为增加的 1 000 元存款只需要 100 元的准备金便可以符合法定的要求。本章第一节已经指出，精明的商业银行绝不会让多余的准备金闲置不用，因此，第一级银行很可能把这笔多余的 900 元准备金用于有利可图的投资，如购买债券、股票或其他资产。当它这样做时，第一级银行把 900 元支付给债券、股票或其他资产的出售者作为购买的代价。如果这位出售者把得到的 900 元又存入另一家商业银行，那么，这家银行的准备金和存款又同时增加了 900 元。为了论述的方便，我们称这家银行为第二级银行。

既然第二级银行的准备金和存款同时增加了 900 元，那么，它会发现，它有了 810 元的多余准备金。因为按照法定准备率为 10%的要求，增加了的 900 元存款仅仅需要 90 元的准备金。同样出于不让多余准备金闲置的考虑，第二级银行又会购买 810 元有利可图的资产，而资产的出售者又可以把 810 元的收入存放于第三级银行。

于是，第三级银行的准备金和存款同时增加了 810 元，它因而会发现，它具有 729 元的多余准备金，因为 81 元的准备金便能符合法定的要求。这样，按照相同的考虑，第三级银行会购买 729 元的资产，以便牟取利润，而资产的出售者又可以把 729 元存放于第四级银行。

以此方式类推下去，直到第五级、第六级银行等，由于最初的 1 000 元准备金而造成的商业银行整体的存款数量会继续增加。增加的总量可以由图 11－1 显示出来。

银行级别	存款增加量
第一级	$1\,000\times1=1\,000$
第二级	$1\,000\times0.9=900$
第三级	$1\,000\times0.9^2=810$
第四级	$1\,000\times0.9^3=729$
⋮	⋮
总和（商业银行整体）	$1\,000\times(1+0.9+0.9^2+0.9^3+\cdots\cdots)$

图 11－1　1 000 元准备金带来的存款增加量

图 11－1 右下方括号中的各项是一个收敛的几何级数。因此，假设法定准备率为 10%，由于 1 000 元准备金的增加而带来的存款量的增加总和为：

$$1\,000\times\frac{1}{1-\frac{9}{10}}=1\,000\times\frac{1}{\frac{1}{10}}=1\,000\times10 \tag{11.1}$$

从式（11.1）中可以看到，存款相对于准备金增加的倍数为 10，即法定准备率的倒数。由于法定准备率往往不超过 10%，所以存款增加的倍数往往会超过 10。

上述结果是就准备金的数量增加的情况而言的，如果准备金减少，那么，通过相同的环节，存款数量会按照相同的倍数缩小。关于存款缩小的过程，这里不再加以说明。

存款数量按照法定准备率的倒数所形成的倍数增加或减少的结果只有在假设的条件下才是完全准确的。在现实中，至少有两个可能出现的情况，使得增加或减少的倍数受到影响。第一，资产的出售者可以不把售货款或仅把部分售货款存放于银行。例如，在上述例子中，如果出售者不把 900 元或仅把 900 元的一部分存放于第三级银行，而把 900 元或剩下的部分放在家中，那么，上述例子中的连锁反应就会中断，或者，连锁反应的数量会受到影响。第二，在特殊的场合，如在危机和严重的萧条状态，银行因为惧怕投资风险，它宁可保持多余的准备金而不去购买有利可图的资产，那么，存款多倍扩大或收缩的量便会和式（11.1）中的结果存在差异。

尽管理论和现实之间存在着差异，但是，大体说来，存款数量由于准备金改变而成倍地增加或减少的结论是可以成立的。这一结论的成立与《通论》有何关系？关于这一点，下一节将加以说明。

第三节　银行存款与货币政策

在《通论》中，货币数量是影响和决定国民收入和就业量的一个因素，而货币政策的目的在于改变货币数量并通过这种改变来使利息率发生变动，以便解决失业和经济萧条的问题，本书以前的各章已经对此加以说明。这里，银行存款的重要性在于：它是货币数量举足轻重的组成部分。

在西方的市场经济中，流通中的货币量，也就是货币数量，由三个部分所组成：第一部分为硬币，即面额微小的五分、一角或一元等金属铸币，其价值总额在货币数量中是微不足道的。第二部分是流通中的钞票，其价值总额占较大的比重。第三部分是银行存款，其价值在货币数量中占决定性的比例，远远超过半数以上。因此，存款数量的改变是改变货币数量最重要的途径，而上一节告诉我们，准备金的变动可以使存款数量成倍地增加或减少。

由此可见，准备金的增加或减少是改变货币数量的最有效的办法，而西方的货币政策正是通过这一办法来改变货币数量，从而达到改变国民收入和就业量的目的。

西方的货币政策一般使用三种方法来改变银行的准备金：

第一种方法，法定准备率。中央银行可以提高或降低法定准备率。其他条件不变，法定准备率的提高或降低可以压缩或扩大银行存款的数量。正如我们已经指出的那样，存款增加或减少的倍数是由法定准备率的倒数所决定的。例如，当法定准备率为10%时，如果存款的数量为2亿元，那么，当法定准备率变为20%时，同等数量的准备金只能支持1亿元的存款。换言之，当其他条件相同时，货币的当局者只需要发布一道命令，把法定准备率提高一倍，那么，存款数量便会缩小1/2。由于存款占有货币数量的决定性比例，所以法定准备率的变化会对货币数量起着重大作用。因此，作为货币政策方法之一的改变法定准备率是控制货币数量非常有效的手段。

正是由于法定准备率是一个非常有效的手段，所以它并不被经常使用，其原因类似于医生往往避免使用虎狼之药。疗效猛烈的虎狼之药，如果在使用上稍有不慎，便会危及病人的生命。法定准备率的情况也是如此。它的哪怕是轻微的变动就有可能造成货币数量的巨大波动，并通过这种波动来对经济运行施加震撼的作用。因此，法定准备率的方法虽然有效，却很少使用，从而它的数值在长期中往往保持不变。

第二种方法，贴现率。当商业银行需要准备金或其他现款时，它可以向中央银行借款。对于这种借款，中央银行向商业银行收取的利息率即为这里的贴现率。当中央银行或货币当局意图增加存款和货币数量时，它可以降低贴现率，使商业银行易于借到准备金并通过商业银行准备金的增加来扩大货币数量。当中央银行或货币当局希望减少存款和货币数量时，它可以提高贴现率，使商业银行难于借到准备金，并通过准备金的限制或减少来缩小货币数量。

贴现率方法的缺点是，中央银行或货币当局不能任意地规定贴现率的高低。从理论上看，它可以做到这一点。它完全可以自行决定它向商业银行收取的借款利息率，如5%、6%等。但是，在事实上，它很难做到这一点。如果它所规定的贴现率过分高于或低于现行的市场利息率，那么，它所规定的贴现率便不能发挥它应有的作用。例如，假设现行的市场利息率为5%，如果中央银行把此时的贴现率规定为6%，那么，这个6%的规定便等于形同虚设，不会发生作用。因为既然商业银行能以5%的利息率从市场上借到准备金，它就绝不会按照6%的贴现率去向中央银行借款。如果中央银行把此时的贴现率规定为4%，那么，商业银行便会按照这一贴现率向中央银行大量借款，并把借到的款项按照5%的市场利息率借给别人，以便从中赚取1%的利息率差额。在这种情况下，大量商业银行的借款使中央银行无法维持4%的贴现率，从而同样使它不能发挥出它应有的作用。

由于这些原因，中央银行所规定的贴现率往往不能过分远离市场利息率，而且经常和即将加以说明的第三种方法——公开市场业务联系在一起使用。

第三种方法，公开市场业务。公开市场业务是指由中央银行在金融市场上公开买进或卖出国家债券，即国库券，并通过这种买卖来控制或影响利息率和货币数量。为了理解公开市场业务能够发生作用的原因，必须首先说明债券价格与利息率之间的关系。关于这一点，本章第四节即将加以论述。

第四节　债券价格与利息率的关系

包括国库券在内的债券是一张借据，在借据上说明借款的数量、归还的期限、偿付的利息率的高低等。例如，一张一年偿还期、票面额和利息率依次为100元和6%的债券或国库券。现在，我们用该债券来说明债券的价格与市场利息率之间的关系。

该债券所规定的6%的利息率仅仅表明，当债券到期后，偿付的利息是票面额的6%，即为6（=100×0.06）元。它的大小（6%）可以大于、小于或等于市场利息率。前者仅仅人为地规定该债券到期时偿付的利息率，而后者为现行市场的各种因素所决定。

《通论》中的利息率是指市场利息率。

在金融市场上，债券一般是可以进行买卖的。它的买卖价格是如何被决定的？对此，仍以上述债券为例来加以说明。假设今天是该债券的发行日，那么，一年以后，该债券的价值为 106 元，其中 100 元为票面额，6（＝100×0.06）元为根据债券规定的利息率而计算出的一年的利息。该债券在今天的价格相当于一年后的 106 元在今天的现值。如果今天的市场利息率也为 6%，那么，根据计算现值的公式，其现值是 100$\left(=\frac{106}{1+0.06}\right)$元。如果价格大于 100 元，那么，人们便不会去购买该债券，因为按照 6%的市场利息率，把多于 100 元的现款借给别人会在一年后带来高于 106 元的回报。由于无人购买，所以该债券的价格会降低到 100 元。与此相反，如果价格小于 100 元，人们便会争相购买该债券，一直到它的价格上升到 100 元时为止，因为按照 6%的市场利息率，把少于 100 元的现款借给别人会带来小于 106 元的回报。由此可见，债券价格可以由式（11.2）决定：

$$\text{债券价格}=\frac{\text{债券到期时的本利和}}{1+\text{现行的市场利息率}} \tag{11.2}$$

在式（11.2）的右边，分子的数值是固定不变的，因为债券的票面额和利息率已经为债券发行者所事先规定，而式（11.2）中分母的数值取决于现行的市场利息率。根据式（11.2），现行的市场利息率越大，分母则越大，在固定的分子数值的条件下，债券价格则越低。与此相反，现行的市场利息率越小，分母则越小，在固定的分子数值的条件下，债券价格则越高。由此可见，在债券价格与现行的市场利息率之间，存在着数值相反的关系。

既然如此，中央银行就可以通过买卖债券来提高和降低债券价格，并通过债券价格的提高和降低来导致市场利息率的下降和上升以及货币数量的增加和减少。这便是中央银行进行公开市场业务的原因。

第五节　公开市场业务

本章第四节提到的中央银行的公开市场业务，无论就其基本思路还是执行而言，都是相当复杂的，有关这一切的论述存在专门的著作。本节所涉及的仅仅是它的大致情况。

我们已经说过，公开市场业务是指由中央银行在金融市场上向商业银行或其他金融机构公开收买或出卖国库券（简称为债券），并通过这种买卖来控制利息率和货币数量。

中央银行买卖债券的购买价格必须高于市价，而出售价格必须低于市价，否则，由于买卖无利可图，商业银行没有理由和中央银行进行交易。因此，中央银行必须以高于市价的债券价格进行收买，而以低于市价的债券价格进行出卖。换言之，当中央银行进行收买时，债券价格会被提高；当中央银行进行出卖时，债券价格会被压低。

我们已经说明，债券价格的提高意味着市场利息率的降低，因此，收买债券在实际上是降低市场利息率的手段。然而，中央银行收买债券的后果并不限于此。为了偿付它向商业银行所购买的债券，中央银行必须向商业银行支付现款。这样，商业银行的准备金便会因之而增加。准备金的增加，通过存款多倍扩大的过程，会在很大程度上增加货币数量。由此可见，中央银行收买债券的结果有两点：它一方面降低市场利息率，另一方面又增加货币数量。按照《通论》的理论，二者对经济运行都会发生扩张性的作用，从而收买债券成为扩张性的货币政策的一种手段或方法。

本章第四节也已经说明，债券价格的降低意味着市场利息率的提高，因此，出卖债券在实际上是提高市场利息率的手段。然而，中央银行出卖债券的后果也不限于此。为了偿付中央银行向它出卖的债券，商业银行必须支付现款。这样，商业银行的准备金便会因之而减少。准备金的减少，通过存款多倍收缩的过程，会在很大程度上减少货币数量。由此可见，中央银行出卖债券也有双重后果：它一方面提高市场利息率，另一方面又减少货币数量。按照《通论》的理论，二者对经济运行会发生紧缩性的作用，从而出卖债券成为紧缩性的货币政策的一种手段或方法。

根据以上论述，执行债券收买和出卖的中央银行的公开市场业务构成货币政策的第三种方法，甚至可以说是最重要的方法。这种方法在每个金融市场的交易日都会出现。

以上论述也告诉我们，为什么货币政策的第二种方法（改变贴现率）往往必须和公开市场业务结合在一起共同使用。其中的原因在于：一方面，当公开市场业务成功地把市场利息率提高时，中央银行必须随之提高贴现率；否则，商业银行便会按照被提高以前的较低的贴现率向中央银行借款，以便牟利。这种借款数量可以大到使中央银行无法应付。另一方面，当公开市场业务成功地把市场利息率降低时，中央银行必须随之降低贴现率；否则，商业银行便不会按照被降低以前的较高的贴现率向中央银行借款。这样，中央银行贴现率的方法不仅形同虚设，更不会发生作用。

在结束货币政策这一章以前，我们应该指出，《通论》出版以前，货币政策在西方已经存在，因此，货币政策并不是《通论》的发明。就货币政策而言，《通论》所做的仅仅是改变货币政策的目标。在《通论》出版以前，货币政策的主要目的在于稳定价格水平，从而消除价格水平的变动对经济运行造成的不良作用。《通论》说明：货币政策的主要目标应该是控制市场利息率，并通过对市场利息率的控制来对整个宏观经济的波动起着熨平的作用。与此同时，《通论》也指出，由于本书第八章第五节中已经说明的原因，货币政策对宏观经济的调控作用是有其局限性的。

第十二章　财政政策

（散见于《通论》各章）

《通论》出版以前，财政政策不过是西方国家管理它的支出和收入的办法。但该书说明，财政政策不仅仅是管理国家收支的办法，更重要的还是解决失业和经济危机问题的手段。不仅如此，它还指出，由于货币政策的局限性，财政政策是解决这些问题的最有效的手段。

尽管如此，在《通论》中，正和他对货币政策一样，凯恩斯并没有专门对财政政策加以论述。他所做的仅仅是在理论上论证财政政策的必要性和有效性，而很少涉及它的具体内容。财政政策的具体内容主要体现于凯恩斯在美国的追随者、哈佛大学的汉森教授的著作《财政政策和商业周期》一书中。因此，本章内容的很大部分来自该书。

第一节　传统西方经济学有关财政政策的观点

关于财政政策，传统的西方学者持有三个观点：

第一，国家的支出是由于管理全民的行政事务而引起的必要费用。这里管理全民的行政事务仅仅包括国防、教育、行政、法律，以及因个人的利己动机而不愿意从事的经济活动，如修建灯塔、道路、桥梁等。换言之，经济的繁荣与萧条、国民收入的高低、就业量的多寡等均由个人的自由经营和市场的力量所决定。它们与国家的支出无关，从而与宏观经济管理无关。

第二，国家的收入是弥补它的支出的手段。除此以外，国家取得收入并没有其他目的。因此，作为国家收入主要来源的税收也是为了支出的需要。换言之，税收也与宏观经济管理无关。

第三，个人理财的原则也适用于国家财务的管理。例如，亚当·斯密写道："凡对私人家庭来说是行之有效的行为，对整个国家来说很难成为行之无效的。"［转引自《通论》，第373页］

在这种信念支配之下，由于个人妥善的理财方式是至少使收支相抵，所以对国家来说，妥善的理财方式也应该是收支相抵，即国家预算的收入和预算的支出必须相等。换言之，保持预算的收支平衡是妥善的财政政策。

把上述三点综合在一起，可以看到，按照传统的观点，财政政策是由于对国家施加行政管理而引起的，它与宏观经济管理无关。因此，保持预算的收支平衡是妥善执行财政政策的原则。

第二节　不平衡预算的原则

《通论》的内容表明：经济萧条和危机的问题来源于有效需求的不足。为了增加有效需求，必须使用货币政策和财政政策，而在两种政策之中，由于货币政策的局限性，财政政策是解决萧条和危机问题的最有效的手段。由于这一原因，凯恩斯的追随者一度被称为财政主义者。

对于传统的平衡预算的原则，凯恩斯主义者并不反对。但是，他们认为，作为弥补有效需求不足的手段，国家的预算收入和支出不一定年复一年地保持平衡，而仅仅需要在整个经济周期中保持平衡。具体地说，在经济周期的萧条阶段，应该使预算支出超过预算收入，从而利用二者的差额来弥补有效需求或社会购买力的不足。当经济周期处于繁荣状态时，应该使预算支出小于预算收入，以便利用二者的差额来减少过高的有效需求或购买力。这样，经济萧条时期所造成的预算赤字便能由经济繁荣阶段的预算盈余所对销，从而预算虽然并不年复一年地保持平衡，但是，在整个经济周期的过程中是平衡的，这种做法被称为不平衡预算。不平衡预算的原则可以由图 12－1 表示出来。

图 12－1 中 *OF* 表示充分就业时的国民收入，波浪状的实线表示经济活动在一次经济周期间的波动。在经济周期的繁荣阶段，国民收入甚至超过了充分就业的数量，存在着通货膨胀的危险。在萧条阶段，情况则相反，国民收入小于充分就业的水平。

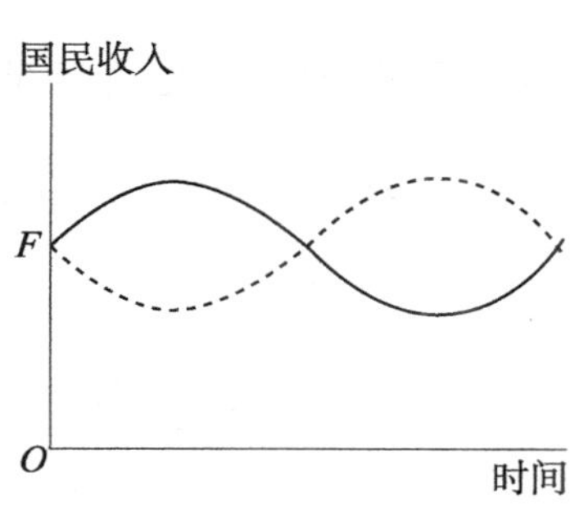

图 12－1　不平衡预算的作用

图 12－1 中波浪状的虚线的高度与 *OF* 之间的差额代表预算盈余或预算赤字。在繁荣阶段，*OF* 减去虚线高度的差额表示预算盈余；在萧条阶段，二者的差额代表预算赤字。如果一切处于设想的

状态，那么，在繁荣阶段的预算盈余正好吸收掉或补偿掉过高的有效需求或购买力，而在萧条时期的预算赤字正好补足或抵消有效需求或购买力的不足。因此，财政政策便能起到以丰补歉的作用：一方面能熨平经济波动，把国民收入稳定在充分就业状态；另一方面又能用繁荣时期的预算盈余来偿付萧条时期的预算赤字，从而使国家的预算在整个经济周期中保持收支相抵的平衡。

总之，不平衡预算的原则并不反对预算平衡，而仅仅主张预算在整个经济周期中保持平衡。通过周期中平衡的作用，国家成为一座蓄水库，在雨季时吸纳过多的水量，而在旱季时补充水量的不足，从而避免水、旱灾害的发生。

以上所说的仅仅是一个原则，该原则不过指出，不平衡的预算可以被用来控制经济活动的波动。例如，预算赤字可以被用来弥补有效需求的不足。但该原则并没有说明，要用多大的预算赤字来弥补一定量的有效需求的不足。换言之，弥补的效果取决于具体的财政政策。关于具体的财政政策将在下一节中加以论述。

第三节　支出方面的财政政策

西方国家的财政包括预算支出和预算收入这两个部分。预算支出涉及国家所执行的不同的花钱方法，如直接购买商品、给予人们津贴、退税等。预算收入主要指国家通过各种赋税来取得收入的款项。财政政策就是各种收支办法的配合使用以达到熨平经济波动的目的。本节论述财政政策的支出方面，在论述时，我们假设收入不变。收入方面的财政政策将在下一节中加以说明。

第一，政府直接购买。政府直接购买是指国家机关直接向市场购买商品。根据凯恩斯的乘数论，国家每购买一元商品，国民收入就会增加一元。在此之后，商品的出售者由于增加了一元收入，因此也会按照边际消费倾向的数值增加他的购买量。由此而引起的收入又会造成购买量的进一步增加。如此类推，政府直接购买与第七章第四节论述的乘数在提高国民收入上的效果完全相同，即都为$\frac{1}{1-\beta}$。

第二，政府的转移支付。政府的转移支付的意思是：政府不直接购买商品，但把购买的款项作为津贴给予消费者。在这样的情况下，消费者每得到一元津贴就会按照边际消费倾向的数值增加他的购买量。不过，他的购买量不是一元，而是一元乘以边际消费倾向之后的数量。这一数量会变为商品出售者的收入，而商品出售者又会增加他们的购买量。如此类推，国民收入的增加过程与乘数的推导过程完全相同。然而在这里可以明显地看到，政府转移支付的效果大致是乘数效果再打一个折扣，折扣的数值为边际消费倾向，即$\frac{\beta}{1-\beta}$。由于边际消费倾向的数值小于 1，所以政府的转移支付的效果稍逊于政府直接购买。

第三，减税，即政府豁免消费者应缴纳的税款。可以看到，国家每减免消费者一元的税款，即相当于增加消费者一元的收入。由于收入的增加，消费者会按照边际消费倾向的数值去增加购买量。这样，通过和上述相同的连锁反应，减税的效果大致和政府的转移支付相同。

第四节　收入方面的财政政策

一般说来，西方国家可以使用下列四种办法来取得预算收入。在论述预算收入时，我们假设预算支出不变：

第一，增发纸币。国家增加纸币的发行不会减少人们手中持有的现款或购买力。由于支出的数量不变，所以这种取得收入的办法往往被称为赤字财政。

第二，向商业银行借款，即向商业银行出售国库券。这种取得收入的方式也不影响人们既有的现款或购买力，但从上一章关于货币政策的论述中可以看到，它能改变商业银行的准备金，从而改变货币数量。

第三，向人民借款，即向人民出售国库券。人民从收入中每购买一元国库券，他的购买量会按照边际消费倾向的数值而缩小，因此，商品出售者的收入也会缩小，从而他们的购买量也会缩小。这种连续反应的过程与作用，和上文中提到的乘数大致相同。不过，在这里，其方向是国民收入的减少，而不是增加。

第四，增税，即向人民增收缴纳的税款。税款每增收一元，人民的收入即减少一元。因此，他们的购买量会按照边际消费倾向的数值而减少。他们的购买量的减少又会引起商品出售者收入的减少，出售者收入的减少又会造成他们购买量的减少。如此类推，增税的作用和减税大体相同，只是方向相反。

第五节　有关财政政策的注意之点

我们已经指出，财政政策是各种不同的收支办法的配合使用以达到熨平经济波动的目的，而本章第三节和第四节分别对支出和收入这两个方面的各种办法进行了说明。关于以上两节的论述，应该指出两个应加以注意之点：

（1）财政政策的各种收支办法的配合是千变万化的。每一种配合都具有一定的优点和缺点，它们的使用当然取决于现实情况的差异。

（2）在各种不同的配合中，有三种情况值得进一步加以说明。它们是：

①预算平衡的条件下增加政府支出。这是指在收支已经相抵的情况下，政府进一步增加支出。这种情况就是上述赤字财政或赤字支出。

在这种情况下，由于收入保持不变，因此政府的支出不会降低民间的购买力，因此这种支出具有完全的乘数效应，从而是一个最有效的消除失业和提高国民收入的手段。对此，我们再一次引用在前文中已经引用过的《通论》文句：

“如果财政部把用过的瓶子塞满钞票，而把塞满钞票的瓶子放在已开采过的矿井中，然后，用城市垃圾把矿井填平，并且听任私有企业根据自由放任的原则把钞票再挖出来（当然，要通过投标来取得在填平的钞票区开采的权利），那么，失业问题便不会存在，而且在受到由此而造成的反响的推动下，社会的实际收入和资本财富很可能要比现在多出很多。确实，建造房屋或类似的东西会是更加有意义的办法，但如果这样做会遇到政治和实际上的困难，那么，上面说的挖窟窿总比什么都不做要好。

“挖窟窿的办法和现实世界的开采金矿是完全相仿的。在金矿的深度适宜于开采的时期，经验表明：世界的财富迅速增加。当适合于开采的金矿为数很少时，我们的财富数量停滞不前或下降。由此可见，金矿对文明具有极大的价值和重要性。正如战争被政治家们认为是值得为之而进行大规模的举债支出的唯一形式一样，开采金矿也被银行家们当作在地下挖窟窿的唯一借口，认为它合乎健全理财的原则，而战争和开采金矿对人类进步都已经发挥了作用——如果没有更好的办法的话。”［第 134 页］

引文中的“举债支出”就是指“赤字财政”。尽管如此，读者应该注意，凯恩斯这段话的目的在于讽刺那些受到传统观点束缚的英国财政部的官员们，而且是就当时失业和危机非常严重的时期而言的。在这种情况下，赤字财政不易引起通货膨胀，从而它是一个有效的解决问题的办法。但是，赤字财政的办法在其他情况下可能造成通货膨胀的后果，从而，它给社会可能带来的祸害绝不应忽视。

②平衡预算下的政府支出。这就是说，政府把从税收得来的款项用于支出。在这种情况下，由于政府的收支相等，因此这种支出是平衡预算下的政府支出。这种支出在解决失业和危机问题上的效果如何？

可以设想，如果政府的支出来自赤字，那么，它的每一元支出都具有完全的乘数效应，即为本书第七章式（7.7）的$\frac{1}{1-\beta}$。然而，这里的支出来自税收，而根据本章第四节第四点关于增税的分析，取自税收的每一元收入具有完全相反的乘数效应再打上一个边际消费倾向的折扣，即$-\frac{\beta}{1-\beta}$。因此，在平衡预算下，政府支出中每一元支出的效应是上述支出的乘数效应和税收的乘数效应之和，即$\frac{1}{1-\beta}-\frac{\beta}{1-\beta}=1$。这一结果的意思是：平衡预算下的政府支出没有乘数扩大效应，从而它所导致的购买力的增加仅仅是支出本身的数值。这表明，虽然平衡预算支出的效果并不很大，但还是会带来一定的增加购买力的效果。这种效果至少要比政府在解决失业和危机问题上无所作为好一些。

③财政政策效果的跑冒滴漏。本章所论述的财政政策的效果，是根据严格的假设条件从理论推导出来的。然而，正如凯恩斯在《通论》的不同章节中指出的那样，由于现实未必能符合假设条件，所以理论推导的财政政策的效果仅仅代表一种大致的推测。这就是说，在现实生活中，存在很多跑冒滴漏的现象，这些现象对财政政策的效果会产生影响。关于这些跑冒滴漏的现象，这里举出两个例子加以说明。

第一，购买力向进口货的滴漏。无论是以减税、津贴还是以其他方式，当政府通过它的支出来增加社会购买力时，一部分购买力也可能被人们用于购买进口货。按照凯恩斯的理论，被用于进口货的购买力不会增加本国就业量，更谈不上什么乘数效应。

第二，当政府通过支出的增加进行投资时，这种投资有可能会部分地排挤掉私人本来就想进行的投资。在这种情况下，政府的投资仅仅部分地增加了投资的数量。这样，增加投资方面的财政政策就不能全部发挥它应有的提高就业或国民收入的作用。

第十三章 《通论》在思想和政策上的作用和影响

在本书的起始部分，我们已经指出《通论》在西方世界的巨大作用和影响。由于《通论》，凯恩斯也跻身于有历史意义的思想家的行列，甚至可以与亚当·斯密、达尔文、爱因斯坦等人相提并论。

关于《通论》的巨大作用和影响，英国著名的经济思想史学者布劳写道："五十年以前，由于《就业、利息和货币通论》的出版，凯恩斯创造了经济思想的凯恩斯革命。这就是说，在一个令人难以置信的四到五年或最多八到十年的短时期中，西方世界的几乎所有经济学者都大批地转变到一种新型的经济思想上。当凯恩斯于1946年逝世时，凯恩斯主义大体上已经成为一个新的正统学说；不同意这种学说的人们被认为是思想古怪和保守落后。在其后的三十五年间，各国的政府都采用了凯恩斯所建议的或至少与他有关的政策。"①

在本章第一节中，我们主要以美国为例来说明《通论》的传播过程；第二节和第三节依次论述它在西方思想和经济政策方面的作用和影响。关于它在学术方面的作用和影响，由于其篇幅比较庞大，我们将在第十四章中加以论述。

---

① 布劳．约翰·梅纳德·凯恩斯．伦敦：麦克米伦出版社，1990：1.

第一节 《通论》的传播过程

关于《通论》的传播过程，我们以美国的事实作为例子。美国经济学家萨缪尔森有一段生动的话来描述这一过程的最初情况：“《就业、利息和货币通论》对经济学者而言，好像一种前所未有的细菌对一个孤立海岛部落的袭击；其中大多数 35 岁以前的人都感染上了这种疾病；50 岁以后的人却对它有免疫力。与此同时，在其间的人开始出现了疾病的征兆，而往往不知道或不承认他们感染上了它。”①

事实也确实如此。当《通论》出版的时候，最早接受它的人是以萨缪尔森为首的一批年轻学者。据说在那时的哈佛大学，“在白天，仍然讲授传统的经济学。但是可以说在 1936 年以后的每一个晚上，几乎每个人都在讨论凯恩斯”②。然而，已经成名的年龄较大的学者对它一致持反对的态度。这种态度从他们对《通论》的书评中明显地表现出来。由于在当时，凯恩斯已经享有盛誉，所以撰写《通论》书评的都是经济学界的大腕人物。这里举出其中的二人为例。

哈佛大学教授熊彼特的书评写道：“凯恩斯先生对当今热门话题的中心思想而撰写的书籍的出版无疑是一件大事。我们首先要向他表示祝贺该书在引起注意力上的成功，因为我们看到了我们最好的学生对该书的期望、他们对该书出版的渴望、他们阅读该书时的迫切心情，以及整个英美经济学界对该书所显示出的兴趣。然而，

---

① 哈利斯．新经济学．纽约：诺夫出版社，1948：146.

② 米罗・凯恩斯．关于约翰・梅纳德・凯恩斯的论文集．伦敦：剑桥大学出版社，1975：136.

该书在引起注意上的成功与它引起的反对意见的程度是相同的。我的这篇书评也是反对意见中的一个。”[①] 他接着指出，凯恩斯不应该把马歇尔用于单个商品的供求曲线应用到整个经济制度的商品总和上，不应该假设产量和就业同比例的增长，如此等等。在书评的结尾，对凯恩斯的赤字财政政策，熊彼特以讽刺的语言提出了警告：“对该书，话说得越少越好。那些相信该书主旨的人应该以如下文句改写法国历史：路易十五是一位最贤明的皇帝。他感到有必要提高国家支出，于是便找到了那些花钱专家们为他服务，如蓬帕杜夫人和杜巴丽夫人。她们以不可超越的效率进行工作。充分就业，由此而引起的最大产量以及一般的福利应该是其后果。然而，我们看到的却是痛苦、耻辱以及最后所导致的血流成河。这也许是一个偶然的巧合而已。”[②]

另一个例子是芝加哥大学的奈特教授。他的书评首先不承认凯恩斯所指的“古典经济学说”。对于“古典经济学的假设条件”，他写道：“在全书中，它是一个人为制造的形象，其目的在于树立一个稻草人，作为争论和攻击的对象。”[③] 他认为，凯恩斯所建立的理论体系意味着某些变量是既定的或者是不由市场的供求力量所决定的。为了解决理论上的困难，凯恩斯发明了一些“万能的神灵”，如国家的作用、心理状态等。总的说来，“应该忘掉该书的经济理论的革新，而把它当作一个经济波动的学说。”[④] 对于凯恩斯的投资

① 克里门斯．经济分析论文集．马萨诸塞：艾迪生·威斯利出版社，1950：227.

② 同①230.

③ 哈利斯．新经济学．纽约：诺夫出版社，1948：31.

④ 同③31.

社会化，奈特指出，“那更像一个社会改革者站在肥皂箱上的语言，而不是一个为经济学者所撰写的文句。”①

在已成名的学者中，反对意见较为缓和的是以后成为凯恩斯的追随者的汉森教授。即使如此，汉森对《通论》最初的评价仍然是偏低的。他在1936年的书评中写道：

“这篇书评所评论的并不是一本具有里程碑意义的著作，因为它并没有为一种‘新经济学’奠定基础。它以挑动性的态度来再度提醒人们：根据不符合于经济生活的事实为假设条件而得到推论是危险的……该书更多的是经济发展趋向中的一个病因，而不是能被用作建立科学的一块基石。”②

两年后，年届五十的汉森从明尼苏达大学来到哈佛大学任教。这时，他已彻底转变为一个凯恩斯主义者，他在研究生的课程中公开讲授《通论》的内容。他的课程吸引了年轻的学生们，也吸引了来自华盛顿的政府官员们。他和当时年轻的学者萨缪尔森使得哈佛大学成为传播《通论》的中心。

通过学院的传播，企业界开始注意《通论》。美国东部的两位企业家——丹尼森和弗兰德邀请了哈佛的学者们向他们讲授《通论》。讲授的内容被编辑成名为《走向充分就业》的书籍出版，然而，该书难于看懂的程度比《通论》好不了多少。

在第二次世界大战期间，弗兰德和其他人士组建了经济发展委员会，该委员会继续邀请凯恩斯主义的学者向企业界人士讲授《通论》

---

① 哈利斯．新经济学．纽约：诺夫出版社，1948：32.

② 同①35.

的内容。

1948年萨缪尔森撰写的教科书《经济学》正式出版。该书的最大特点是把传统的经济理论和《通论》的学说结合在一起，使二者居于平起平坐的地位。前者被认为是对微观经济现象的说明，后者被用于解释宏观经济的运行。在这种安排下，《通论》成为西方宏观经济学的理论基础，并和传统的微观经济学分别成为整个西方经济理论的两大组成部分。

萨缪尔森的《经济学》成为西方经济学在历史上第三本有里程碑意义的流行的教科书。在此以前的两本依次为约翰·穆勒的《政治经济学原理》（1848年）和马歇尔的《经济学原理》（第一版，1890年）。然而，以流行的程度而言，萨缪尔森的《经济学》远远居于领先地位。该书不但被翻译成为数十个国家的文字，而且大致每隔三年就出现一个新版本。以该书的英文版而言，其销售量已达数百万本。关于该书的重要性，本书第十四章还将加以论述。在这里可以看到《通论》在美国及在全世界的传播所达到的成功程度。通过这种传播，《通论》成为西方经济学的经典著作，并构成正统经济思想的一个重要组成部分。它为宏观经济学奠定了基础，正如上文所说，宏观经济学在整个西方经济理论中又占有一半分量。

第二节　在思想上的影响

从本书以前各章中可以看到，凯恩斯意图在资本主义容许的范围内，通过国家的政策来解决失业和危机问题。这种主张可以被简称为受到管理的资本主义，而《通论》又为受到管理的资本主义提供了理论基础。本书之所以能在西方世界引起巨大的反响，其主要原因即在于此。

对西方坚持自由放任的保守主义者来说，受到管理的资本主义是不能允许的异端。特别是在《通论》的第二十四章中，凯恩斯提出了"投资社会化"的主张和"食利者阶级的消亡"的前景。与此同时，虽然他明确指出：除此以外，他坚决赞同私有制、个人主义和自由经营的资本主义制度，但是，该书的内容在它最初出现的时期，仍然受到西方保守主义者的排斥和抨击。美国比较保守的前总统胡佛总是把该书所含有的思想称为"马克思主义者凯恩斯的学说"[①]。在20世纪50年代，一部分美国学者组成了凡利达基金会，该基金会出版了一本《凯恩斯在哈佛》的著作。该书指出："哈佛是凯恩斯主义的火箭在美国的发射台"，并且把凯恩斯主义等同于社会主义、费边社会主义、马克思主义和法西斯主义。另一些学者则成功地发起了哈佛校方对该校经济系的一次调查。[②] 即使在今天，正如我们在下文将要看到的，虽然反对的态度有所缓和，但该书还是属于被保守主义者所排斥和抨击的行列。

以西方的中间派而论，凯恩斯在《通论》中所显示的不伤害资本主义制度的医治失业和危机的方案成为拯救该制度的良药。他们故意忽视该书的上述稍稍带有异端的言论，而把凯恩斯看作资本主义的"救世主"，从而致力于对该书的弘扬和宣传，使该书的基本

---

① 布劳．约翰·梅纳德·凯恩斯．伦敦：麦克米伦出版社，1990：60.

② 加尔布雷斯．凯恩斯是怎样来到美国的//米罗·凯恩斯．关于约翰·梅纳德·凯恩斯的论文集．伦敦：剑桥大学出版社，1975：132-141.

内容构成西方主流思想的一个组成部分。

然而，被西方的中间派所故意忽视的“投资社会化”“食利者阶级的消亡”等说法对西方的中间偏左的改良主义者具有吸引力。他们认为，这些说法有利于达到社会公正，而且凯恩斯的理论给国家对经济活动的干预开辟了一条道路，因为在西方，一个比较普遍存在的信念是：对经济活动干预最少的政府便是最好的政府。如果为了解决失业问题，资本主义国家便有理由对市场经济进行干预，那么，为了消除资本主义的其他弊端，国家也可以进行其他方面的干预。干预范围的扩大甚至会导致计划经济。因此，《通论》也构成西方改良主义思想的一个组成部分，甚至被作为它的理论基础之一。例如，英国工党的理论家斯特拉彻写道：“认为没有可能采用凯恩斯主义的疗法，这是不对的。当然，这些疗法将遭到资本家的反对，但经验证明，它们会被选民强制执行。凯恩斯主义的经济政策，与公有化和社会改革的传统社会主义措施结合起来，已经成为必不可少的工具；民主制度依靠这种工具就能实现它的目的。除非民主主义和社会主义的政党了解和使用这种政策，否则他们就不能改革资本主义，为他们的目的服务。”① 凯恩斯的理论被认为是“已经帮助了民主的势力，从大西洋此岸来说，还帮助了社会民主主义者的势力，不顾资本家的势力的反对，力图为修正这个制度找条出路。对于民主转变的技术，凯恩斯独自作出了最大的贡献。”②

《通论》不仅构成改良主义思想的一个组成部分，而且给少数西方马克思主义者带来幻想，使他们用凯恩斯主义来代替马克思主

① 斯特拉彻．现代资本主义．姚曾廙，寿进文，徐宗士，译．上海：上海人民出版社，1960：250.

② 同①265.

义作为指导思想。由于这一原因，西方的马克思主义政党往往对该书的内容持批判的态度。例如，英国的一位马克思主义者写道："凯恩斯的学说在理论上是不正确的，而且对工人阶级运动极端危险。它的根源和哲学基础都是彻头彻尾的资本主义。"[①] 他又说："如果英国的劳动者和人民要走向社会主义，那么，那种在他们之间散播失望和混乱的资本主义理论必须被彻底地暴露出来。今天的资本主义经济理论就是凯恩斯主义的理论。"[②]

总之，《通论》在思想上对不同色彩的西方人士都产生了重大的影响。

第三节　在政策上的影响

《通论》出版以后，经过长期的争论，传统西方经济学的代表人物庇古教授终于承认，他赞同用需求管理的方法，即用凯恩斯所建议的政策，而放弃他过去所主张的削减货币工资的政策（即《通论》第十九章重点论述的主题）来解决失业问题。虽然工资政策并不是该书所建议的解决失业问题的主要途径，但是，庇古教授在政策上的态度的转变象征着凯恩斯在西方国家经济政策上的完全胜利。在《通论》的影响下，美国议会于 1946 年通过了《就业法案》，该法案建立了目前仍存在的总统经济顾问团；英国政府于 1944 年颁布了《就业政策白皮书》；此外，还有加拿大的《就业和收入白皮书》、澳大利亚的《在澳大利亚的充分就业》、南非的《税收和财政

① 伊顿．马克思反对凯恩斯．伦敦：劳伦斯和维希哈特公司，1951：10.
② 同①10.

政策》等。

这些文件以寻求充分就业和资源的充分利用为目标。它们在不同程度上强调，必须维持足够的购买力，以便吸收掉市场上过多的商品。为了做到这一点，它们主张使用公共投资、消费补助和税收政策来提高消费和降低利息率以刺激投资，并且用公共投资来调节私人投资的波动，等等。此外，这些文件在不同程度上也按照《通论》的理论框架对国民收入进行分析。“总之，凯恩斯经济学的要点已经成为政府计划者的工具；现在只需要通过书籍、报纸和广播来把它们传递给群众。”①

不但西方国家的政策接受了《通论》的理念，而且制定政策的人士也越来越与凯恩斯接近。例如，美国总统经济顾问团的主席在1955年为伯恩斯——一位非凯恩斯主义的经济学者。即使如此，他在该年的《总统经济报告》中说：“把资源首先在私人使用和政府使用之间加以明智的分配，其次，在政府使用的各种方式之间加以明智的分配，政府的预算政策有助于导致生产量最大的目标。”② 由此可见，他的《总统经济报告》已经采纳了《通论》的观点。到了1965年，该总统经济顾问团的主席已经是公开承认自己为凯恩斯主义者的海勒教授。他在《总统经济报告》中毫不含糊地写道：“在经济社会还没有发挥出它的充分就业的潜力时，过早地把政府预算保持平衡是不可能达到的目标。”③ 在这里，《通论》的观点已经被充分地表达出来。

---

① 哈利斯．新经济学．纽约：诺夫出版社，1948：20.

② 米罗·凯恩斯．关于约翰·梅纳德·凯恩斯的论文集．伦敦：剑桥大学出版社，1975：140.

③ 同②140.

除了国内政策以外，《通论》也对国际经济政策施加了重大的影响。在第二次世界大战期间，凯恩斯率领英国代表团参加了布雷顿森林会议，而通过该会议的决策，今天仍然存在的国际货币基金组织和世界银行得以建立。这两个国际经济组织的章程，由于美国实力的强大，未能完全体现凯恩斯的意图。但是，以《通论》第二十三章所提到的避免“以邻为壑”的国际经济政策而论，它们的建立仍然受到凯恩斯的重大影响。关于这一点，一位西方学者写道：“以会议建立的国际货币基金组织和世界银行的章程所体现的基本原则而论，整个世界应该感谢凯恩斯。金本位以及它的原则已经成为过去。为了讨好议会，美国代表团可能进行争辩，认为金本位已经在实际上再度被建立起来。然而，美国银行协会看得更为透彻，从而认为不是如此。凯恩斯则可以向他的国民和政府汇报，说他继续进行了反对为货币所奴役的战斗，并且取得了一次巨大的胜利。”①

总的说来，从第二次世界大战结束一直到20世纪60年代的中期，西方世界的经济大体处于相对稳定的繁荣时期。造成这一繁荣时期的原因是多方面的。例如，由于恢复第二次世界大战所摧毁的建筑和机器设备而引起的巨额投资、航天事业和电子工业的发展、生活水平的提高而导致的较大的消费开支等都是比较明显的例子。但是，凯恩斯主义政策的推行无疑也起到了一定作用。很可能由于这一原因，上述一段时期在西方经济学界被称为“凯恩斯时代”。

---

① 哈利斯．新经济学．纽约：诺夫出版社，1948：258－259.

第十四章　《通论》在学术上的作用和影响

和思想与政策方面相比，《通论》在西方学术上的作用和影响只能是有过之而无不及。自从《通论》出版以来，除了例外情况，如数理经济学、发展经济学、新制度学派等分支以外，西方经济学的发展多少都与该书有关。在这个意义上，西方经济学发展的一个很大部分可以说是它对该书所作出的反应。这种反应固然代表西方学者对该书的解释和见解，但解释和见解又在很大程度上受到西方世界实际经济情况变化的影响。前文中已经提到，在第二次世界大战结束后的20年中，西方国家的经济大体上处于稳定发展的繁荣状态，既没有大量失业问题，又不存在严重的通货膨胀，而生活水平则逐渐提高。然而，20世纪60年代中期以后，情况有所改变：失业问题加剧；与此同时，通货膨胀又严重起来。这种被称为滞胀的失业和通货膨胀并存的现象是西方世界前所未有的。进入20世纪80年代，滞胀问题恶化。例如在美国，失业率和通货膨胀率当时均处于10％左右。虽然后来滞胀问题有所缓解，但对如何解决这一问题，整个西方世界还未能提出有效的对策。

在上述历史背景下，西方学者致力于对《通论》的解释和发展。解释和发展在西方被区分为左、中、右三个方向。这里所说的方向的划分主要取决于对传统的西方经济学的态度。

我们已经知道，《通论》否定了传统的就业论，而对传统的就业论的否定又牵涉对其他有关理论的否定。与此同时，该书又提出了自己的系统的说法。因此，该书的出版使得西方同时存在两种既有关联又相互矛盾的理论体系。一方面，传统的西方经济学是以个量分析为主，根据对单个消费者、厂商和生产要素所有者的分析，得出资本主义市场的各种因素能够自行调节该社会种种矛盾的结论，并据此而主张实行自由放任、国家不干预经济生活的政策。另一方面，凯恩斯则偏重于分析总量变数，根据他所建立的涉及总量变数的理论，得出资本主义市场的各种因素不能自行解决失业问题的结论，并据此而主张实行国家干预经济生活的政策。此外，从研究方法来看，传统的西方经济学以先验的假设条件、完全理性的人为出发点，使用根据推理得出的函数关系，用以说明理想状态下的市场经济。与此不同，《通论》则以生活中普遍存在的事实、非完全理性的具有“动物的本能冲动”的人为出发点，按照经济制度中实际存在的事物，来解释经济运行中的弊端和病态。

这样，在西方经济理论体系内部就产生了干预和反干预的对立，以及由此而造成的各种矛盾和不调和之处。针对这一情况，被认为是左派的西方学者主张摒弃居于基础地位的许多传统的说法（如稳定的均衡），并且对《通论》的内容加以解释和发展，以便对滞胀问题提出自己的见解和对策。与此相反，右派人士认为，该书的内容基本上是错误的，从而在维护传统理论的基础上发展出新的说法，企图解决滞胀问题。中派的西方经济学界则企图把传统的理论和凯恩斯的理论加以调和。为了行文的方便，本章第一节将首先对中派加以论述；第二节、第三节说明右派的观点；第四节论述中派和右派之间的争论；第五节对左派的观点加以阐述。在这里必须再次强调，《通论》出版以后，西方经济学在各个方面的发展多少都与该书有关。本章的内容仅仅涉及其中与《通论》关系较为密切的几个方面。它们并不涵盖一切，也不完全代表最新的说法。

第一节 中派的观点

为了调和传统论点和凯恩斯说法的矛盾，以萨缪尔森和希克斯为首的西方学者建立了新古典综合派的理论体系。该学派把传统的西方经济学当作研究个量问题的微观经济学，把凯恩斯主义称为考察总量问题的宏观经济学。它宣称：前者是以充分就业为分析的前提，说明市场经济的运行；后者则着重研究各种不同水平的就业量的情况，以及针对不同的情况，政府应该采用的对策。因此，两种理论是相辅相成的，可以被纳入同一体系之中，而传统的自由放任和凯恩斯的国家干预的主张不过代表同一理论体系所涉及的两种不同事例。这样，新古典综合派不但企图弥补西方经济理论体系内部的漏洞，而且企图通过它的理论体系来维护资本主义是理想社会的说法。

新古典综合派的理论体系在第二次世界大战以后一直居于正统地位，并且在西方经济学界享有威信。这种状况在 20 世纪 60 年代中期以后由于通货膨胀的恶化有所削弱。进入 20 世纪 70 年代以后，西方世界出现的滞胀，即失业与通货膨胀的并存，给新古典综合派以十分沉重的打击。

按照新古典综合派的理论，当经济活动处于充分就业状态时，通货膨胀率应该为零。如果经济活动小于充分就业，那么，不但不存在通货膨胀，而且价格水平还会下降。只有当经济活动大于充分就业时，才会出现通货膨胀的现象。也就是说，该学派的理论表明：失业（经济活动小于充分就业）和通货膨胀（经济活动大于充分就业）是不可能同时共存的。这一结论显然违背存在于西方的滞胀事实。

新古典综合派不但无法解释滞胀的存在，而且也提不出解决这一问题的对策。按照它的理论，在失业问题存在的条件下，政府应该增加预算支出和预算赤字，以便扩大有效需求，从而增加就业数量；而当通货膨胀出现时，政府必须减少预算支出和取得预算盈余，以便降低有效需求，从而消除通货膨胀。这种政策建议在失业问题和通货膨胀同时并存时便会带来自相矛盾的后果。如果西方国家采用增加预算支出和预算赤字的政策来解决失业问题，那么，有效需求的扩大必将使通货膨胀恶化。如果它通过减少预算支出和取得预算盈余来制止通货膨胀，那么，有效需求的削弱必将降低消费和投资的支出，使失业问题更加严重。简言之，医治一种疾病成为加重另一种疾病的手段。在失业问题和通货膨胀同时并存的条件下，政策的选择只能处于进退两难的境地。这便是当时主要西方国家所面临的困难局面。对于这一困难局面，特别是面对1973—1975年的滞胀，中派的西方学者并没有找到摆脱的出路。例如，新古典综合派的权威人物萨缪尔森说道：“我们都不像传说中的魔法师那样，能够解决目前的问题。这一事实是混合经济* 的一大污点，也是对我这一代经济学家的一大可悲的责难。”[①] 他在 1976 年出版的《经济学》（第 10 版）中也承认，新古典综合派尚不能解决滞胀问题。在西方，甚至出版了一本名为《反萨缪尔森论》的著作。

理论的困难和政策的无能严重地影响了中派的统治地位。在西方经济学界出现了许多新的学说以便摆脱滞胀的困境，从而代替中派的统治地位，他们甚至幻想一位能代替凯恩斯的“救世主”的出现。根据当时一家刊物的报道：“某些经济学家已经在寻找一个新的凯恩斯，他突如其来的洞察能力将会发展出一个新的理论来解释今天所发生的事情。”[②]

这些新出现的学说固然是形形色色、各不相同的，但是，它们可以大致被包容于两个派别之内，即右派和左派。对于这两个派别，以下各节将依次加以论述。

第二节　代表前期右派思想的货币主义

货币主义开始于 20 世纪 50 年代，而在 20 世纪 60 年代中期以后得到较大程度的流行。以货币主义为根源的后期右派思想被称为理性预期学派，它从 20 世纪 70 年代开始，逐渐获得较广泛的认可。前后两期的右派思想共同被称为新古典经济学。右派思想的主旨在于反对《通论》，并且主张恢复到原有的传统经济学说。本节首先

---

① 商业周刊，1974-06-29：53-54.

② 同①50.

* 即西方经济。

说明货币主义。针对《通论》，以美国学者弗里德曼为首的货币主义者提出了至少三个论点：

（1）财政政策的无效性。我们已经看到，《通论》强调财政政策的效果，而把货币政策置于次要的地位。与此相反，货币主义者认为，财政政策是无效的。无效的理由是：通过财政政策而进行的国家投资仅仅代替了私人本来就会进行的投资，因此，由于国家投资对私人投资的这种“挤出效应”使得总投资量不变，从而财政政策无助于解决失业问题。此外，国家投资往往从事于非生产性的项目，如救济和扩大官僚机构等。这种投资一方面增加了政府支出，另一方面又不能生产出与之相对应的产品。这样一来，货币数量增加的同时却没有生产出与之相对应的产品，于是，通货膨胀便有可能出现。换言之，凯恩斯所强调的财政政策不但不能解决失业问题，反而会成为滞胀的一个原因。

（2）根据他对货币理论和经济史研究的成果，弗里德曼认为，货币数量（而不是《通论》所强调的利息率）在短期内可以影响就业量，而在长期中必然影响价格水平。因此，货币政策具有头等重要性。按照弗里德曼的说法，1929 年的大危机正是由于错误的货币政策所造成的。

（3）政策的滞后性。包括货币政策在内的任何经济政策都具有一定的滞后性。这就是说，从发现经济运行中存在的问题直到针对问题而执行的政策，最终效果之间存在着一系列步骤，而其中每一个步骤都需要时间才能完成。这些步骤可以列举如下：

第一，认识问题。了解经济运行中是否存在问题或存在什么样的问题，需要时间进行观察和研究。

第二，政策的制定与决定。一旦问题被识别以后，还需要时间来制定相应的政策。如果存在各种可供选择的方案，还要在方案之间进行选择并且在决策人之间取得大体一致的意见。

第三，政策效果的实现。政策的效果不是马上全部实现的，而是需要在一定的时间之后才能发挥它的全部作用。

除了这些步骤以外，还可能存在其他步骤，它们被称为时间的滞后。据此，弗里德曼认为，经济政策的时间滞后不但使它不能起到熨平宏观经济波动的作用，反而会造成加剧经济波动的后果，其原因可以表述如下。

在弗里德曼看来，如果任其自然，资本主义经济则会出现波动的现象，但这种波动的程度是轻微的，不会超过自然失业率。正确的经济政策虽然有可能起着熨平波动的作用，然而，由于政策的时间滞后，也会产生推波助澜的作用，使得宏观经济的运行更不稳定。这可以通过图 14－1 加以说明。

图 14－1 的横轴和纵轴分别表示时间和宏观经济波动的幅度。图 14－1 中的实线代表在没有政策干预情况下宏观经济的波动。假设在波动最低的 A 点，国家设法制定和执行熨平经济波动的政策。由于 A 点是波动最低点，

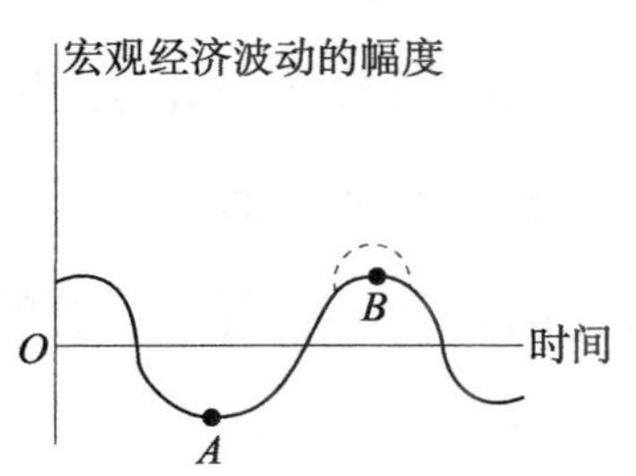

图 14－1 经济政策的时间滞后性质

这种政策显然必须是扩张性的。但是，由于政策的时间滞后，政策的效果在 B 点才能全部发挥出来。然而在 B 点，宏观经济波动本身

已经发展到高涨的顶点，此时熨平宏观经济波动的政策应该是收缩性的。正是在这种最不需要扩张性政策的 B 点，针对 A 点的扩张性政策恰恰发挥了它的全部作用，其后果是使得高涨的幅度更大。如图 14-1 中的虚线所示。

据此，弗里德曼不赞成对宏观经济运行进行“微调”，这里的“微调”即指《通论》所主张的根据现实的经济波动的幅度和性质而采取相应的政策措施。

根据以上理由，弗里德曼主张单一规则的货币政策。关于什么是单一规则的货币政策，为了节约篇幅，这里不作论述。但是，仅从本节的内容中就可以看到，对于《通论》，货币主义者提出的反对意见都是针对《通论》的：①《通论》所强调的财政政策不但无效，反而有害；②被《通论》认为是次要的货币政策却是唯一重要的经济政策；③《通论》所主张的斟酌情况而使用的“微调”办法不可能达到目的，反而会造成困难。

在政策方面，除了货币主义以外，第二次世界大战以后出现的以布坎南教授为首的公共选择学派也向《通论》发难。该学派认为，要想实现《通论》所标榜的目标，必须存在着一个真心为人民服务的政府。然而，政府的官员也是一般的人，从而他们的本性也是利己的。因此，不能说一个普通的人成为官员后便会立即改变他们固有的利己本性。由于这一原因，无论是在政策的制定还是在执行上，官员们的利己心总要表现出来。例如，为了保住自己的政府职位，官员们总是想取悦选民，以便争取到最大量的选票。为了选票，官员们往往采用减免税收和增加政府福利开支的办法。这种办法又会带来入不敷出，造成财政赤字，而财政赤字又会导致通货膨胀。按照该学派的公共选择理论，《通论》所主张的政策的执行便是滞胀的一个重要原因。

虽然货币主义者和公共选择学派在政策上对《通论》进行了批判，但是，他们的批判并未涉及《通论》的基本理论体系，从而没有造成摧毁性的后果。在本章第三节中，我们即将看到，理性预期学派企图从根本的理论上彻底推翻《通论》。

第三节 理性预期学派

在货币主义和公共选择理论之后，以美国芝加哥大学教授卢卡斯为代表的理性预期学派在基本理论上提出了至少三点反对《通论》的说法。

第一，宏观经济学必须具有微观行为的基础。按照理性预期学派的说法，《通论》所分析的是宏观变量，即总量，而总量不但是由个量组成，而且个量又是个体行为所造成的后果。例如，《通论》所说的消费是整个社会的消费量，这一数量不但是社会中每一个人消费量的总和，而且每一个人的消费量又是他个人行为的后果，如多消费或少消费等。因此，归根结底，宏观经济学必须具有微观行为的基础。然而，《通论》并没有提供它的微观行为的说明。

第二，关于微观行为，西方经济学的基本假设前提是理性人。所谓理性人，就是寻求私人利益最大化的人。因此，宏观经济理论不能违反这一基本假设前提。然而，理性预期学派认为，《通论》所说的小于充分就业的均衡违背了理性人的假设前提。因为在资本主义制度下，包括劳动市场在内的一切市场的均衡，即供求相等，正是这一假设前提所导致的后果。这就是说：在劳动市场上，一切愿意为了现行工资而工作的劳动者都已就业。如果还存在着非自愿失业，那只能是工资被限制在过高的水平，即工资的刚性所造成的后果。因此，本书第九章第三节论述的庇古教授的说法是正确的，《通论》中小于充分就业的均衡则由于违反理性人的假设条件而不能成立。

第三，《通论》虽然强调预期对经济分析的重要性，却没有对它作出任何明确的规定。理性预期学派认为，根据理性人的假设前提，预期必须符合个人利益最大化的原则。由于追求利益最大化，每个人都会根据他所能搜集到的一切信息，力图使他的预期准确，即符合将来的现实。为了达到这一目的，他必然会尽量获取新的信息，不断地修正他在预期上的错误，“吃一堑，长一智”，以便最终达到准确预期的目的。

由于国家公开宣布和执行的政策也属于个人所获得的信息，所以个人必然会根据国家的政策来修改他对前途的预测，从而作出应对办法，即“你有政策，我有对策”。例如，如果国家使用增发纸币的办法来增加工资以提高就业量，那么，工资收入者便会理性预期到通货膨胀的后果，从而认为他的实际工资并没有增加，这样，他便不会增加劳动量。于是，国家公开宣布并执行的增发纸币以提高就业量的政策就不能取得效果。根据这一点，理性预期学派得出了一个重要结论：由于国家的经济政策最终必然为全民所知，所以一切经济政策，至少在长期中是无效的。

货币主义和理性预期学派目前被共同称为新古典经济学。可以看到，新古典经济学一方面否定《通论》的理论和政策，另一方面又维护了传统的国家不干预经济活动的思想。特别应该指出的是：新古典经济学对《通论》的抨击是以西方经济学必须遵守的假设前提为根据的。因此，按照西方学术界的标准，这一抨击具有说服力，因此会对《通论》的正确性造成严重影响。

第四节 新凯恩斯主义者的辩解

对于新古典经济学那样具有杀伤力的抨击，《通论》的追随者们，特别是其中较为年轻的一代，纷纷提出新的说法来进行辩解，以便维护该书所建立的基本理论体系和政策。以明尼苏达大学的海勒教授、哈佛大学的曼昆教授和丹佛大学的泰勒教授等人为代表的维护《通论》的人士目前被称为新凯恩斯主义者。对于货币主义和公共选择理论的抨击，他们提出至少下列三个论点来进行辩解：

(1)《通论》从来没有否定过货币政策，仅仅由于当时的特殊情况才把它置于次要的地位。在目前的情况下，他们承认，货币政策和财政政策同等重要。

(2) 弗里德曼所指出的政策的时间滞后虽然确实存在，但是，那是属于政策执行的技术问题，从而可以在实践中逐步改善。

（3）人们应该相信自己的智慧，能够针对不同的情况而采用相应的对策。即使以弗里德曼所主张的单一规则的货币政策而论，它的规则也必须针对不同的情况进行修改。此外，当严重的失业和危机存在时，要想使社会经济自动恢复到充分就业状态，那需要很长一段时间，从而社会为此必须支付惨重的代价。由于这些原因，《通论》所主张的斟酌使用的经济政策对问题的解决仍然具有重要的价值。

对理性预期学派的批判，新凯恩斯主义者首先承认，宏观经济理论必须具有微观行为的基础。其次，他们也承认，预期是理性的，从而在长时期中，社会经济会自动达到充分就业的均衡。但是，新凯恩斯主义者接着说：即使承认上述两点，这也不能否定在短期内使供求不相等的非均衡状态的存在。换言之，《通论》所指的小于充分就业的均衡并不与上述两点发生矛盾。为什么如此？新凯恩斯主义者提出了许多理由，其中两个理由如下所示：

第一，菜单成本论。新凯恩斯主义者声称，企业家改变自己产品的价格正和饭馆老板改变菜单上的价格一样，都需要支付一定的成本作为代价。饭馆老板在改变菜价时，必须重新印刷菜单，并把新菜价传递给消费者。考虑到这些成本，饭馆老板不会经常改变菜的价格，以便使供求正好相等。出于相同的考虑，企业家也必须如此。因此，价格并不会随时随地改变来使供求相等。换言之，商品供求不相等的状态并不违反利润最大化的原则。

第二，劳动契约的持续性。雇主与劳动者之间的契约往往会持续存在一段时间，因为订立新的契约会引起许多不同的费用和代价。例如，律师费用、雇主与雇员商定工资所耗费的时间等。为了避免这种费用，劳动契约在短期内很少变动。例如在美国，雇主与工会的契约往往持续三年不变，即在三年中，工资是固定不变的。即使在合同到期的三年以后，工资会随着供求的改变而发生变化，那也只限于一家或数家企业，因为社会上的全部劳动契约不会同时到期。因此，工资也并不会随时随地改变来使供求相等。换言之，劳动市场上供求不相等的状态也不违反个人利益最大化的原则。

根据上述两点有代表性的理由，新凯恩斯主义者认为，《通论》所涉及的小于充分就业的均衡状态，既具有微观行为的基础，又不与长期中才能生效的理性预期相矛盾，因为《通论》所论述的仅仅是短期内的经济现象和政策。

目前，新古典经济学和新凯恩斯主义仍然在相互争论和融合之中。

第五节　左派的观点

左派学者声称，《通论》象征着凯恩斯对传统西方经济学的一次“革命”，而中派的调和观点不过是一种“杂牌的”凯恩斯主义。革命之所以成为必要，是因为传统的说法脱离现实，从而不能解决现实问题。他们认为，除了具体论点的差异以外，凯恩斯与传统的理论在基本原则上有三个突出的分歧之处：①凯恩斯强调资本主义经济生活中的“不肯定性”（例如，见《通论》第十二章），而传统的说法则假设人们具有“完全知识或信息”，即对一切现实或将来的情况了如指掌，因而把“不肯定性”排除在外。②凯恩斯指出资本主义是一个使用货币的经济，而货币又具有它自己的特点（例如，见《通论》第十七章）。然而，传统的说法把货币的功能局限于交换媒介，从而在实际上把资本主义看作是一个物物交换的社会。③资本主义是具有一定组织形式的社会，如工会、银行、交易所、大公司、院外集团等，而不像传统的说法所假设的那样，组织形式不过是一些规模大致相同的小商品生产者。按照左派的意见，在凯恩斯着重指出的上述三点的情况下，滞胀是现代资本主义运行中必然出现的后果，而中派所建议的财政政策和货币政策也必然无效。要想解决滞胀问题，左派主张实行收入均等化和投资社会化的政策。[①] 由于这两种政策违背资本主义社会的基本信念，所以它们从来没有被认真执行过，从而是否有效尚未见分晓。

左派的学者主要由两个部分组成。一部分集中在作为《通论》策源地的英国剑桥大学；另一部分分散于美国，被称为后凯恩斯主义者。目前，二者的影响不但微小，而且逐渐减弱。推测其微小和减弱的原因可能有三个：

（1）在20世纪结束的二三十年中，整个西方世界的政治思潮趋于右倾保守。处于这种右倾保守的政治思潮下，相对激进的左派凯

---

① 明斯基．约翰·梅纳德·凯恩斯．伦敦：麦克米伦出版社，1975：56－68，145－169．戴维森．后凯恩斯主义经济学//拜尔，克里斯多尔．经济理论的危机．纽约：基本书籍出版社，1981：151－173.

恩斯主义的思想当然难于兴旺发达。

（2）正如上文中已经指出的那样，左派的政策建议在很大程度上违背资本主义的基本信念，从而从来没有被认真地采纳和推行。

（3）对整个西方经济学的理论而言，如果左派的观点占有上风，那就等于彻底摧毁原有的全部学说。这一现实是绝大多数西方学者所难以接受的。例如，按照左派凯恩斯主义者米尼的分析，《通论》反对下列传统西方经济学的观点：

①经济学是研究稀缺性的科学；

②经济学涉及选择问题；

③经济行为是建立在理性之上，而理性又是根据完全信息而形成的；

④在任何市场，价格都会自动进行调节，使供求相等；

⑤金钱是生产和投资决策的唯一动力；

⑥经济学是像物理学那样的科学；

⑦经济学可以作出准确的预测；

⑧经济学者仅仅是一个中立而客观的考察者；

⑨经济制度是永恒不变的；

⑩一切参与市场的人，其利益是彼此和谐的。

以上十点，几乎每一点都关系到西方经济学生死存亡的问题。以第一点而论，几乎每一本西方经济学教科书都开宗明义地指出：研究经济学是由于资源的稀缺性。如果后者是无限丰富的，那就没有研究前者的必要。关于第二点，西方经济学的消费论、生产论和分配论都以自由选择为前提。第三点所说的理性人及完全信息都是西方经济学的基本假设条件。第四点的关于价格自动调节供求关系更是西方经济学的一条基本规律。第五点是西方学者一致认可的利润动机和利润最大化。关于第六点，西方学者公开承认，均衡、动态分析、静态分析等概念均来自物理学，而目前极端流行的数学在经济学上的应用也受到物理学的影响。第七点的预测是目前世界各国研究机构日常从事的工作。第八点所指的经济学者的中立和客观性质，虽然西方学者不敢公开承认，却经常以间接方式表达出来。关于第九点，西方经济学是以既存私有制的市场经济为唯一的研究对象。这一事实再加上第十点，意味着现有的经济制度是永恒常青的。第十点是西方经济学在意识形态上所要达到的目的，即论证亚当·斯密的“看不见的手”原理。它的论证结论是：资本主义能以最优的方式配置资源，使每一个人得到最大的满足，因此，每一个市场参与者的利益都是和谐的。

由此可见，否定了这十点，甚至否定了其中的一部分就等于推翻了西方经济学。无怪乎一本剑桥学派的著作被定名为《政治经济学的重建——后凯恩斯经济学引论》①，而在该书的“序言”中，著名的左派学者罗宾逊夫人以愤怒的语言写道：

“均衡经济学* 是《圣经》中许多儿童为之充当祭品的摩洛神灵；对于这个神灵，一代又一代的学生们仍然被当作它的牺牲品。我希望我能多少把其中的一些解救出来，其目的并不是要他们能过

① 克赖格尔．政治经济学的重建——后凯恩斯经济学引论：第2版．伦敦：麦克米伦出版社，1975.

* 指西方经济学的很大一部分。

着安闲的生活，而是请求他们给予帮助来从事发展经济分析这一严肃的任务，以便处理我们生活于其中的世界经济问题。”①

对于大多数西方学者，这种摧毁性的变革是不能接受的，左派思潮的微小与减弱都是意料之中的事。

① 克赖格尔．政治经济学的重建——后凯恩斯经济学引论：第 2 版．伦敦：麦克米伦出版社，1975：第 xii－xiii 页．

第十五章　《通论》对西方世界有用吗?

本书前十四章已经对《通论》作出了较全面的介绍：不但说明了该书的内容，而且论述了它的前因和后果。剩下的两个主题是《通论》对西方世界和对中国是否有用的问题，是否有用涉及对它的评价。对这两个涉及评价的问题，我们将在本章和下一章中依次加以论述。

本章分为两节。第一节从经济实践中考察《通论》对西方世界是否有用，并且根据考察的结果作出是否有用的结论；第二节则从理论上对结论加以论证。

第一节　西方宏观经济运行的现实

实践是检验真理的标准，《通论》对西方世界是否有用可以从西方经济运行的有关数据中显示出来。关于经济运行的数据，这里仅以美国为例。

虽然美国罗斯福总统在理论上没有接受《通论》，然而事实上他执行了该书所建议的政策，所以我们考察的事实应从 1933 年开始。图 15－1 表明了 1929—1995 年美国失业率的数据。

考察图 15－1 中的数据，我们似乎可以得出下列三个结论：

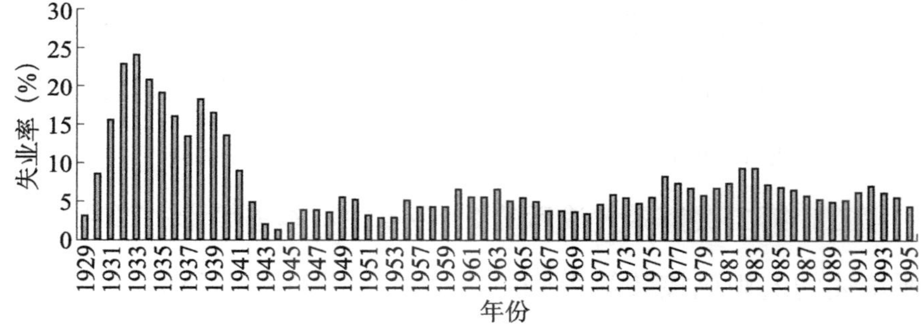

图 15-1　1929—1995 年美国失业率

资料来源：鲍莫尔，布兰德．经济学原理和政策：第 5 版．纽约：德里顿出版社，1997：31.

第一，《通论》的政策虽然对 1929 年后的经济大萧条产生了一定缓解作用，但其作用不大。因为使美国摆脱大萧条的决定性原因是第二次世界大战。

图 15-1 表明，1929 年的危机之后，在美国总统胡佛所主张的无所作为的政策引导下，失业率持续上升，一直到 1933 年罗斯福总统执政时为止，失业率达到最高峰的 25%。此后，包括财政政策和货币政策在内的罗斯福“新政”使得失业率逐渐下降，但失业率依然显示出相当高的数字，甚至在 1937 年，美国还出现了一次较为轻微的危机。即使在 1941 年，失业率还是维持在 10%的水平。在此以后，由于美国参加了第二次世界大战，所以失业率才急剧下降。由此可见，真正解决 1929 年危机后的失业问题是战争，而不是《通论》的宏观调控政策。对此，凯恩斯也进行了辩解，他认为，“新政”的财政支出的规模不够大，而且，其计划和执行均有缺点。[①] 他还说：“除了在战争情况外，资本主义的民主政体如果想把支出

① 迪拉德．约翰·梅纳德·凯恩斯的经济学．恩格尔伍德：普伦蒂斯·霍尔公司，1948：126，157.

扩大到这样巨大的规模，以至足以证明我的学说的正确，在政治上，似乎是不可能的。”[①] 可以看到，凯恩斯自己也承认，《通论》的政策并未起到决定性的作用。

第二，第二次世界大战后的20多年中，本书第十一章和第十二章所论述的宏观调控政策得到较大力度的推行。部分地由于这一原因，美国失业率被维持在5%左右的较低水平，但这种宏观调控造成了其后10余年相当严重的通货膨胀。简言之，较低失业率的成就却以其后严重的通货膨胀作为代价。

自从20世纪40年代中期以后，美国的通货膨胀率趋于上升，到了20世纪80年代初期，达到10%的水平。在此以后，美国总统里根的“逆转”膨胀的政策虽然见效，却又以增加失业率为代价。图15-1表明：自1980年开始，失业率上升到1982年和1983年的10%；其后下降缓慢，直到1995年，还处于5%以上。

此外，在开始推行宏观调控政策的20世纪30年代以前，美国的通货膨胀率是围绕着零值通货膨胀率而波动的。这表明，物价有时上升，有时却下降，从总的趋向看是保持不变的。可是，在20世纪30年代以后，通货膨胀率总是处在高于零值的水平。这表明，通货膨胀从来没有消失过。造成这一现象的原因是多方面的，例如，垄断价格的存在、军事开支的扩大等。然而，宏观调控政策的推行无疑是其中之一。

第三，把失业率与通货膨胀率加在一起，二者之和在西方被

---

① 新共和，1940 (7)．

称为痛苦指数，用以表示二者在一起使人们遭受苦难的程度，而本章所介绍的宏观调控政策始终没有把美国的“痛苦”给消除掉。图 15－2 中的数据可以说明这一点。

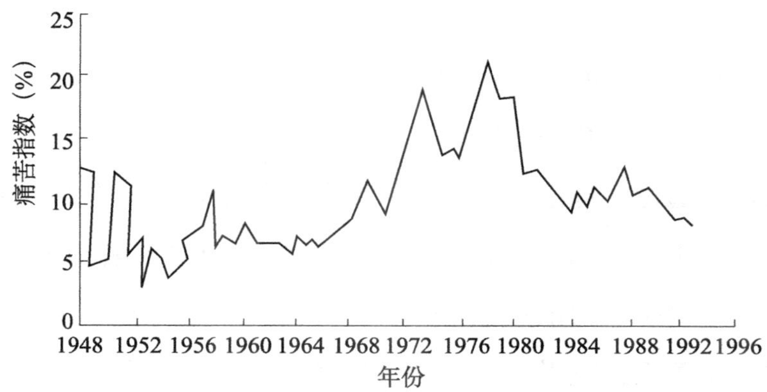

图 15－2　1948—1996 年美国的痛苦指数

资料来源：多恩布什，费希尔，斯塔兹．宏观经济学：第 7 版．纽约：麦格劳-希尔公司，1997：89.

在 1948—1996 年的 48 年间，尽管以较大的力度推行了《通论》所论述的宏观调控政策，美国的痛苦指数仍大致在 10％的水平波动，有时甚至达到 20％左右。这一事实再一次告诉我们，财政政策和货币政策虽然起到了一定的使国民收入稳定发展的作用，然而并未消除它的波动，有时甚至不能消除它的巨大波动。

根据上述三点应该可以得出一个较为客观的结论：对消除失业和通货膨胀，《通论》所主张的财政政策和货币政策虽然可以起到缓解的作用，却未能产生决定性的影响。换言之，对资本主义宏观经济的波动，《通论》的对策可以起到缓和的作用，然而不能从根本上解决问题。

为什么如此？本章第二节将进行理论上的分析，并从分析中得出答案。

第二节 理论分析

《通论》的政策是根据它的理论体系而得到的。因此，政策的效果取决于理论体系的正确与错误的程度。

找出《通论》理论体系正确与错误的程度，并没有必要对其全部理论体系进行分析，而仅仅需要找出该理论体系最基本的论点，并且对这个最基本的论点进行分析和评论。因为对基本论点分析和评论的结果关系到凯恩斯整个理论体系的正确和错误，以及据此而制定的政策是否有效。

我们首先找出凯恩斯最基本的论点。为了找出这一论点，首先考察图 15－3。

图 15－3 表示一个环形管道，管道中的水流量代表一个社会的（或国家的）国民收入。管道左方的企业表示该社会全部企业合并在一起的整体；右方的公众则为同一社会的全部居民，包括劳动者、资本家和地主在内。管道的左上方和右下方依次是一个进水孔和一个出水孔。

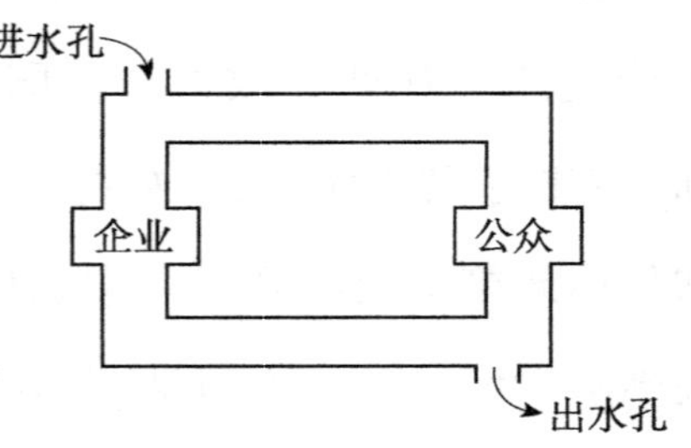

图 15－3 代表《通论》基本观点的图形

暂时不去理会这两个水孔，或者认为它们已经被塞住。假设在某一时期（如一年）中，该社会的全部企业一共生产了卖价（或价格总额)为100元的最终产品。为了生产这100元的产品，企业必须向公众购买生产要素，如劳动、资本使用权和土地使用权。如果把利润也算作购买生产要素(如风险、管理等)而支付的代价，那么，为了生产100元的产品而必须支付的金额必然也是100元。因为，产品的卖价总是等于由于生产该产品而导致的一切开支再加上它的利润。这些开支和利润又构成图中的公众所得到的收入。大致说来，这笔收入(100元)便是凯恩斯在《通论》中所指的国民收入 Y。*

现在，图15-3中企业的方框里存在着100元的最终产品，而100元的货币作为居民的收入已经通过下方的管道流入公众的方框。这100元的最终产品被认为是该社会的总供给，公众向企业购买消费品和投资品而花费的钱被认为是该社会的总需求。如果公众把全部100元货币都用于购买消费品和投资品，总需求即为100元。在这种情况下，总需求等于总供给。100元的货币通过管道的上方流入企业的方框，企业所生产出的产品正好全部卖掉，因此，企业在下一时期(如一年)还会以相同的规模生产出相同数量的100元最终产品。这样，100元的货币流量便在环形管道中反复流动。假设100元代表该社会充分就业的国民收入，该社会的宏观经济运行便处于充分就业状态。

然而，由于上述两个水孔的存在，问题还要复杂一些。图15-3中右下方的出水孔代表公众的储蓄。公众不一定把全部的100元都

---

* 假设折旧等于零。

用于向企业购买产品，即边际消费倾向小于1。例如，他们可以储蓄40元，而把剩下的60元用于购买消费品（边际消费倾向＝0.6），这笔40元的储蓄大致代表《通论》所说的储蓄量。这样，市场上有100元的总供给，仅有60元的总需求。总需求小于总供给，一部分产品销售不掉，企业便要缩小生产规模。结果，管道中国民收入的流量减少，整个社会处于失业和萧条状态，即《通论》所说的小于充分就业的状态。但情况是否如此，还要看管道左上方的进水孔。注入此孔的水代表《通论》所指的资本家进行的投资。假设资本家的投资为40元，其数量正好等于储蓄，那么，总需求仍为100（＝60＋40)元。这样，总需求还是等于总供给，社会仍处于充分就业的状态。在《通论》出现以前，传统的西方学说认为，由于利息率的自动调节的作用，所以投资总是会和充分就业条件下的储蓄相等，从而资本主义永远处于充分就业状态。简言之，在环形管道的图形中，出水孔和进水孔是连接在一起的。

然而，《通论》指出，并没有一条管道把出水孔和进水孔连接在一起。由于投资诱导不足，即由于利息率往往未能小于资本边际效率，所以投资量也往往未能达到40元的水平。因此，市场上的购买力不足（即有效需求不足），从而导致《通论》所说的生产过剩的经济危机和萧条状态，也就是小于充分就业的状态。

根据上述分析，凯恩斯的政策建议不外乎使用货币政策和财政政策来弥补私人投资的不足，以便使总投资量等于充分就业条件下的储蓄，从而解决资本主义的危机和萧条问题，也可以说：在环形管道图形中，用政策把出水孔和进水孔连接在一起。然而，由于

《通论》中所说的种种原因，货币政策的效果不会很大，所以必须通过财政政策来增加投资量，为此，凯恩斯甚至提出“投资社会化”［第 391 页］的主张。上述一切便是《通论》的基本论点，对该书的基本论点，可以作出下列三点评价：

第一，从《通论》的基本论点中可以看到，凯恩斯主要通过流通领域来对资本主义的失业、经济萧条和危机问题进行分析。按照他的看法，造成这些问题的原因在于流通领域中没有足够的购买力使生产出来的全部产品被销售出去，从而造成了生产过剩。既然造成问题的原因被认为是来自流通领域，所以凯恩斯解决问题的办法也必然出自流通领域。他的解决办法是：只要在流通领域中提供足够购买力，那么，便能避免资本主义生产过剩的危机，使它处于充分就业状态。这种把理论分析和政策建议局限于流通领域的做法是判别该书正确与错误的关键。

为了判别《通论》的正确与错误，我们可以用马克思主义经济学对上述环形管道图形所显示的凯恩斯对资本主义失业问题所作的理论分析和政策建议加以说明。

按照上述例子，图 15－3 中的企业方框具有价值为 100 元的产品，它卖掉 100 元产品给公众，然后把所得到的 100 元用来向公众购买 100 元的生产要素。这一过程就是简单商品流通过程 $W-G-W$。从公众方框看，原来具有价值为 100 元的生产要素，出售给企业而得到 100 元，再向企业购买价值为 100 元的产品。这也同样是简单商品流通过程 $W-G-W$。该书所涉及的无非是对这两个流通过程是否能完成的解释，而它的政策建议都是为了一个目标，即保持流通渠道的畅通。只有流通渠道畅通，企业和公众的两个 $W-G-W$ 过程才能完成。这里存在着该书的正确和错误之处。

我们知道，包括凯恩斯在内的西方学者也一致承认，资本主义生产的动机是为了谋取利润，所以它的宏观经济的运行不可能是简单商品流通的过程，而必须是 $G-W-G'$ 的过程。而且，马克思主义经济学告诉我们，G 到 G' 的变化不仅仅是流通问题，而且是在生产过程中产生的。换言之，G 到 G' 的变化必须通过流通和生产这两个领域才能完成。《通论》着重研究的是流通过程的理论和保持流通渠道畅通的政策。以 G 到 G' 的变化必须通过流通领域而论，这对解决资本主义经济面临的问题，无疑有一定作用。在这里，存在着《通论》的正确之处。但是，以 G 到 G' 的变化必须通过生产领域而论，由于《通论》丝毫没有触及生产领域，所以它并不能彻底解决西方世界的问题。因为保持流通渠道的畅通固然有助于实现在生产领域中形成的剩余价值，却不能保证剩余价值必然得以实现，也不能消除剩余价值的存在。当剩余价值不能实现时，资本主义宏观经济的运行便会出现问题。因此，旨在保持流通渠道畅通的宏观经济政策不过是一种治标之道。要彻底解决问题，必须真正理解剩余价值形成的原因并在此基础上寻求对策。然而，《通论》对此只字不提，这便是它的缺点或错误的地方。

第二，除了上述正确与错误之处外，《通论》的基本内容也表明，凯恩斯对失业问题的理论分析和政策建议都局限于资本主义所容许的范围之内。

以理论分析而论，他认为，失业问题的原因是由于消费倾向、利息率和资本边际效率这三个变量的数值不能相互协调使资本主义达到充分就业的状态，而这三个变量之所以不能相互协调的原因又在于人们的心理状态。正是由于这一原因，一本直到目前仍具有权威性的总结西方危机理论的著作把凯恩斯的理论区分为用心理状态来解释危机的类型。[①] 由此可见，按照《通论》的理论，造成资本主义失业问题的最终原因是人们的心理状态，与资本主义制度无关，从而不能把失业的责任归咎于该制度。这种理论分析显然是资本主义的意识形态所容许的。

再以政策建议而论，他的解决失业问题的对策是在资本主义市场经济的运行中添增对这一运行加以干预的财政政策和货币政策。这种干预既不涉及私有制，又不妨碍私有制下的经营自由。干预不过是企图利用私有制下的经营自由来达到政策所要达到的充分就业的目标。以被认为是比较激进的“投资社会化”而论，凯恩斯的意思主要并不是由国家建设自己的工厂和机器设备，而是由国家出资招商，并通过私营厂商来建造全民所需要的所谓公共物品，如道路、桥梁等。这里的“社会化”大致仅指由国家的政策决定出资量的大小。显然，凯恩斯的政策建议完全处于资本主义的合法范围内。

第三，从表面上看来，《通论》的基本内容似乎否定了萨伊定律，然而事实上，它并没有如此，而是仅仅给萨伊定律加上一个条件：只要执行正确的宏观经济政策，使投资等于充分就业下的储蓄，萨伊定律是可以成立的。

---

① 哈勃勒．繁荣与萧条．纽约：联合国出版，1946：143.

真正给予萨伊定律以彻底批判的经济学家是马克思。他指出，为了论证资本主义制度下不可能产生经济危机，萨伊“简单地抽去商品流通和直接的产品交换之间的区别，把二者等同起来”①。就是说，萨伊把 $W-W$（直接的产品交换）和 $W-G-W$（商品流通）看作是相同的事物。萨伊宣称，既然在物物交换的情况（例如，本书第三章所述的农民用粮食交换日用品的情况）下不可能发生经济危机，那么，在使用货币的商品流通的情况下，由于货币仅具有交换媒介的作用，所以 $W-G-W$ 的过程等同于 $W-W$ 的过程。因此，在商品流通的场合，也不可能发生经济危机。这种把 $W-W$ 和 $W-G-W$ 等同起来的说法当然是错误的。货币的使用把 $W-G-W$ 的过程分为两个部分：$W-G$ 和 $G-W$。卖者在用 W 交换到 G 以后不一定在同时同地用其所得来购买其他商品，因此，就存在着危机发生的可能性。

萨伊不仅把 $W-W$ 和 $W-G-W$ 等同起来，而且把 $W-G-W$ 和 $G-W-G'$ 等同起来，因为他企图论证的没有危机的社会不是简单商品的类型，而是资本主义的类型。对此，马克思指出，萨伊定律“企图把资本主义生产当事人之间的关系，归结为商品流通所产生的简单关系，从而否认资本主义生产过程的矛盾”②。在资本主义社会中，居于决定性的生产当事人之间的关系来源于生产过程中的资本与劳动之间的关系，而不是独立的生产者相互交换自己的商品。因此，把 $W-G-W$ 和 $G-W-G'$ 混淆在一起就等于否定资本主

① 马克思．资本论：第1卷．北京：人民出版社，2004：136.

② 同①136.

义的存在。在萨伊定律的情况下，就等于用否定资本主义存在的办法来否定资本主义所特有的失业和危机问题。这种论证方式显然是错误的。关于这种论证方式，马克思写道："为了证明资本主义生产不可能导致普遍的危机，就否定资本主义生产的一切条件和它的社会形式的一切规定，否定它的一切原则和特殊差别，总之，否定资本主义生产本身；实际上是证明：如果资本主义生产方式不是社会生产的一个特殊发展的独特形式，而是资本主义最初萌芽产生以前就出现的一种生产方式，那么，资本主义生产方式所固有的对抗、矛盾，因而对抗、矛盾在危机中的爆发，也就不存在了。"①

既然经济危机和失业问题来源于以 G 到 G' 为特点的资本主义制度，那么，要想达到凯恩斯的意图，即在资本主义容许的范围内，通过政策来根本消除危机和失业，那是不可能的事情。正如我们在上文第一点对凯恩斯基本论点的分析所说的那样，凯恩斯的政策建议仅仅是一种治标的办法。它可以缓解问题、暂时解决问题或使问题以被扭曲的方式出现，却不能真正解决资本主义的失业和危机。这一结论可以为存在于西方世界的滞胀所证实。关于这一点，我们将加以简要的论述。

上文中已经指出，第二次世界大战后的20年左右的时间里，西方各国在不同程度上先后推行了《通论》所建议的保持流通渠道畅通的政策，而在同一时期，西方世界在经济上取得了较为稳定的发展。促成这一稳定发展的原因固然是多方面的，但《通论》所建议的上述政策应该说是原因之一。

---

① 马克思．剩余价值理论：第四卷（第二册）．北京：人民出版社，1975：571.

然而，一方面，这一政策的推行使西方国家对流通领域不断注入新的购买力，以便按照《通论》所提出的投资必须与充分就业下的储蓄相等的理论来保持充分就业。另一方面，这一政策所不涉及的生产领域却出现了资本的积累所导致的两个后果：①生产与消费的差距的扩大；②垄断的规模的增长。前者使国家政策注入的购买力难于弥补生产与消费之间的差距，从而造成失业问题的形成；后者所索取的垄断价格又助长了通货膨胀。因此，大致在 20 世纪 60 年代中期以后，西方世界出现的失业和通货膨胀同时并存的被称为滞胀的问题逐渐严重起来。后来虽然滞胀问题有所缓和，但西方国家仍然提不出彻底解决的对策。

由此可见，滞胀在一定限度内也可以说是《通论》所建议的局限于流通领域政策的后遗症。正如我们在上文中的分析结果所示，它虽然对失业和危机具有暂时解决或缓解的作用，却无法从根本上解决这些问题，甚至使这些问题以扭曲的方式出现。滞胀便是一个例证。

综上所述，我们在本章中对《通论》作了三点评析：第一点表明，尽管存在缺点、错误和不足之处，《通论》还是部分地抓住了资本主义危机和失业问题的原因。第二点和第三点指出，《通论》对这些问题的理论解释和解决方案都在资本主义所容许的范围以内。把这三点综合起来有助于说明为什么该书出版后立即得到迅速和广泛的流传。

《通论》出版于 1936 年。早在那时以前，比较明智的西方政治家已经主张并且实际推行该书所建议的把资本主义从大萧条中拯救出来的政策。例如，一度任英国首相的劳合·乔治于 1929 年提出以公共工程解决失业问题的方案；美国总统罗斯福于 1933 年就任伊始，就推行了包括公共工程在内的一系列由国家向社会注入购买力的政策。虽然这些为资本主义所容许的方案和政策得以推行，却苦于缺乏理论基础。《通论》以西方学者所尊敬的语言，打破了传统“教条”的束缚，恰好提供了所需要的理论根据；与此同时，又不违反资本主义的意识形态。由于符合时代的需要，该书迅速而广泛的流传便是理所当然的事情了。

第十六章　《通论》与中国

对我国研究西方经济思想和政策的专业人员来说，像《通论》这样一本有影响的著作当然是一份不可缺少的参考材料。然而，就一般经济工作者而言，该书有多大的有用之处？《通论》的主旨或基本内容在于说明：为什么在一个具有闲置的资源和多余生产能力的社会中，会出现大部分人由于失业而造成的贫穷问题并且提出解决这一问题的对策。对策是：只要国家通过经济政策提供足够多的购买力，那么，闲置的资源和多余的生产能力便能被使用起来，从而会创造出足够的购买力，以便解决贫穷人口的生活问题。由于购买力代表对商品的需求，所以《通论》所建议的对策被称为需求管理。在这里，姑且不去理会对它的主旨进行论证的理论上的缺陷甚至错误之处（这些缺陷和错误的主要方面已经在本书第十五章中指出），仅以《通论》的主旨本身而论，凯恩斯的这本著作对我国仍然具有一定的用处。

必须指出，我国是社会主义国家，而凯恩斯论述的对象是资本主义制度。由于社会制度的不同，因此《通论》的理论和对策不可能对我国具有根本性的实践意义。此外，即使略去制度差别不谈，《通论》的基本内容仍然如此，其中的原因在于：虽然我国也存在着贫穷问题，但贫穷的主要根源不是该书所说的资本主义制度造成的“丰裕之中的贫困”[第36页]，而是人口过多又没有足够的资源和生产能力与之相适应所导致的贫穷。解决这一类型贫穷问题的办法恰恰应该与凯恩斯主义的“需求管理”相反。我们必须增加生产，进行“供给管理”。为了达到增加生产的目的，我们在相当长的时期中要勤俭建国，在可能的范围内适当减少购买力，以便积累生产资金；而不是刺激消费和投资来增加购买力，绝对不能采取《通论》中所提到的类似建造金字塔那样的办法。我们在这里这样说，并不否定生产的最终目的是消费，而是想指出：由于我国生产设备和科学技术均相对落后，以致劳动生产率比较低，所以必须节约消费，把腾挪出来的资金用于生产设备和科学技术的建设，以便提高劳动生产率，从而最终达到西方发达国家的消费水平。至少在资本主义发展的早期，目前发达的西方国家在当时不但不强调“生产的最终目的是为了消费”的观点，反而崇尚抑制消费的节俭。时至今日，诺贝尔经济学奖获得者索洛的新古典增长模型的结论之一仍为：人均资金低微的发展中国家必须节约消费，以便积累资金来提高其人均资本的数值，最终提高自己的劳动生产率和消费水平。凯恩斯在《通论》中提到的“有效需求的不足”是由生产与消费的矛盾引起的。它是资本主义市场经济所固有的缺点。正是为了避免这个缺点和其他缺点，我国才推行社会主义市场经济，而不是资本主义市场经济。

尽管如此，在充分理解《通论》的主旨的前提下，它的内容仍然有不少值得我国借鉴之处。这些值得借鉴之处可以被区分为两个方面，它们将在本章第一节和第二节中加以说明。第三节论述为什么我国在借鉴时还要考虑到我国与西方在国情上的差别。

第一节　政策方面的有用之处

在政策方面，《通论》对我国的有用之处至少表现在下列两点：

第一，理解西方经济政策的含义。在对外开放政策的执行中，我国与西方国家的经济交往日益频繁，特别是在我国加入世界贸易组织（WTO）以后，情况更是如此。要想在频繁的交往中取得成功，我国必须了解西方国家的经济状况和动态。这些情况和动态在相当大程度上都与西方的经济政策有关，而《通论》在目前仍然是西方经济政策的一个重要的理论基础。

在本书第十四章中，我们看到《通论》受到了各种不同学派的攻击和批判；通过攻击和批判，《通论》的说法得到一定程度的修正。尽管如此，到目前为止，还没有任何学派能提出代替《通论》的理论和政策，从而西方的经济政策还在很大程度上仍然以《通论》为依据。例如，当经济衰退到来时，必须增加有效需求，增加有效需求的政策包括预算赤字、减税、降低利息率等。处于经济过热时期，则应该减少有效需求，减少有效需求的政策包括预算盈余、增税、提高利息率等。

这些政策的执行和其后果的报道几乎每天都在西方传媒中出现。通过这些报道及对报道的分析，我国可以较深入地了解西方的经济动态并且采用相应的对策。

第二，制定我国经济政策的参考。我国推行的是社会主义市场经济，而西方国家则为资本主义市场经济。二者虽然存在着原则性的差异，但在市场经济这一点上，它们具有共同之处。因此，在特殊情况下，如在经济转轨、重复建设、曾经发生的东南亚货币金融危机中，我国的宏观经济运行也会产生过热或衰退的现象。当这种现象发生时，我们也必须实施减少或增加投资和消费的“需求管理”，从而有必要去参照西方的做法。虽然这种管理的具体手段不是在《通论》中出现的，但是，正如我们过去指出的那样，它们存在于凯恩斯的门徒们根据他的理论而撰写的著作之中，特别是美国的汉森教授的著作①之中。汉森教授根据《通论》的理论，全面地发展出了成套的抑制需求过多和补充需求不足的政策手段。

第二节 个别论点的有用之处

《通论》的论述过程中存在着一些概念和论点，而这些可以被称为论述过程中的副产品的概念和论点对我国仍具有借鉴意义。这里举下列三点作为例子：

第一，消费函数的概念。在本书第七章所论述的消费函数表明国民收入与消费之间的数量关系中，虽然《通论》用“人性”来解释这一关系是错误的，但这一关系在事实上既存在于资本主义社会，也存在于社会主义社会，而且可以根据国民收入的统计数字被计算出来。虽然消费倾向的数值难于准确测定，但即使测定的数值是粗略的，对我国也有用。当我们研究自己国家的经济运行状况

① 其中最著名的一本为：汉森．财政政策与经济周期．纽约：诺顿公司，1941.

时，消费倾向对我国的宏观经济计划和调控是一个重要的数据。因为根据计划中的国民经济增长速度，我们可以大致计算出下一年的国民收入；而根据下一年的国民收入数字，在消费倾向已被测定的情况下，我们可以得出下一年的消费量和投资基金。这两个数据都是制定经济政策的重要依据。例如，假设下一年的国民收入为 10 万亿元，而消费倾向的数值被测定为 0.8，那么，我们可以事先知道下一年的消费量为 8 万亿元，从而可以剩下 2 万亿元用于投资。

除了消费函数以外，《通论》中的一些其他概念也有借鉴价值。例如，本书第八章提到的乘数论可以普遍适用于变量之间存在连锁反应的情况。

第二，慎重看待数学在经济学中的应用的论点。数学是一个有用的研究工具。虽然如此，数学在研究中所能取得的效果还要看它的应用是否恰当。对经济学的研究来说，也是如此。正确的应用固然有助于获得有价值的研究结果，错误的应用也会带来虚假的貌似科学的结论。这种结论不但无益于对现实的理解，反而把现实掩盖起来。针对传统的西方经济学者对数学的误用，凯恩斯在《通论》中作出了分析。他指出，经济现实中的变量往往是相互依赖的，而某些传统的学者假设它们是独立存在的，从而用偏微分的方法得出一定的结论，当他们把结论用于现实时，却又忘掉了这些结论赖以存在的假设条件。他把这种数学的使用称为“伪数学方法”，并写道：“在近来的‘数理’经济学中，只能代表拼凑之物的部分实在太多了；这些部分的不精确的程度正和它们赖以成立的假设条件是一样的。假设条件使那些作者们能在矫揉造作和毫无用处的数学符

号中，忘掉现实世界的复杂性和相互依赖的性质。”[第309页]

和凯恩斯的时代相比，数学目前在西方经济学中的误用程度和范围绝不比过去小。第二次世界大战以后，在萨缪尔森、希克斯等西方学者的影响之下，数学在西方经济学中的应用已经达到非常普遍的程度。在这一学科的专业杂志和专门著作中，不用数学的文献已经不多。在大量数学化的文献中，有价值的作品固然存在，以数学符号和公式来掩盖其内容空泛的著作也大量出现。在这种情况下，凯恩斯对误用数学的批评仍然值得注意。

第三，正确驾驭股票市场的论点。《通论》指出，股票市场的资金流动性有利于为长期投资筹集资金，但它也存在着难以避免的弊端，即为赌徒提供在短期中牟取暴利的手段。因此，驾驭股票市场的方针是，在保持股市的资金流动性的同时，尽量制止以牟取短期暴利为目标的投机行为。作为股票市场行家的凯恩斯的这些论断不但早已为股市的实践所证实，而且随着股票市场的发展，特别在目前的金融市场全球化的趋向中，越来越显示出它们的重要性。

关于这一点，他写道：

“这些脱离社会功能的倾向是在成功地组织起‘具有流动性’的投资市场之后所带来的不可避免的后果。人们通常同意：为了社会利益，应该使赌场难于进入并且使进入的代价昂贵。相同的话对股票交易所说来，也许仍然是对的。伦敦证券交易所的祸害之所以能少于华尔街，其原因主要并不在于民族特点的差异，而在于：对一般的英国人而论，和一般美国人进入华尔街相比，进入斯罗格莫顿街是非常困难和昂贵的。附加在伦敦证券交易所进行经营的费用，如介绍费、高额的经纪人费用以及向英国财政部缴纳的大量的转手税，可以减少市场的流动性（虽然每二周结账一次的办法具有方向相反的作用）；这在很大的程度上使带有华尔街的特点的交易不能存在。对一切交易，政府施加相当高额的转手税可能是最切实可行的改进办法，以便在美国减少投机压倒企业经营的可能性。”［第 163 页］

第三节　对国情差别的考虑

本章第一节和第二节告诉我们，在政策和一部分的论点上，《通论》有值得借鉴之处。但是，必须指出：在借鉴时，我们绝不能使用生搬硬套的方式，而必须注意我国国情的特殊性。否则，借鉴不但不能带来预期的结果，有时反而会造成有害的影响。世界经济发展经验表明：把发达国家的工厂一成不变地移植到发展中国家的项目，即所谓交付钥匙便能启用的项目，十之八九要遭受失败的命运，其失败的主要原因即在于国情的差异。

我国的国情，无论在范围上还是在程度上都和西方国家有着很大的差异。对于这些差异之处，我们在借鉴《通论》时均应加以考虑。

在这些为数众多和轻重程度不同的差异之中，下列三点是比较重要的。它们之所以重要，原因在于：无论就本章前两节中所论述的政策和论点的哪一种而言，它们都是对西方市场经济运行总结出来的经验，而正是由于我国的社会主义市场经济和西方的资本主义市场经济在市场经济的范畴上具有共同之处，因此作为西方市场经济运行经验的《通论》值得我们借鉴。然而，下列三点所指出的我国的特殊国情限制了我国市场经济发生作用的程度和范围，从而也就限制了《通论》的值得借鉴之处在我国所能发生作用的程度和范围。如果不顾这种程度和范围的限制而盲目滥用，则不但无益，反而有害。这三点特殊国情是：

第一，由于我国是一个发展中国家，因此我国目前尚不具备足够的市场机制赖以顺利运行的硬件。这些硬件包括通信设备、交通工具、港口码头、市场设施等基本建设项目，而这些主要属于基本建设项目的硬件又是为市场机制的顺利运行所必需的。为什么市场机制的顺利运行需要这些硬件？

政治经济学的基本原理告诉我们，市场机制依靠价值规律发挥作用。当某种商品的价格低于其价值时，商品的供给大于其需求，这时，生产该商品的企业得不到平均利润，甚至蒙受亏损。于是，竞争会迫使一部分资源流出该部门，从而减少它的供给量。最终，该部门的供求趋于相等，价格和价值趋于一致。当某种商品的价格高于其价值时，需求大于其供给，这时，该部门的企业便会得到大于平均利润的超额利润。于是，竞争迫使一部分资源流入该部门，从而增加该部门的供给量。最终，该部门的供求又趋于相等，价格和价值又趋于一致。可以看到，通过价格和价值的一致和背离，价值规律可以按照社会需求来调节资源在各个部门中的分配比例，使各个部门的供求相等，从而使国民经济活动的各个环节——生产、分配、交换和消费——能以有秩序的方式进行。由此可见，市场机制的顺利运行取决于它是否能对价格信号作出迅速的反应，而对价格信号能否作出迅速反应又依赖于是否具备足够的通信设备、交通工具等基建项目的设施。然而，正如我们在前文中所说，作为一个发展中国家，我国属于基本建设项目的设施是相对欠缺的。硬件的缺乏使我国的市场机制发挥作用的程度和范围受到限制，从而使《通论》在我国的应用受到限制。如果不顾硬件对市场作用的限制而盲目地搬用市场经济的方法，那么这些方法不能起到应有的作用，其后果只能是制造混乱。

第二，由于我国曾经在长时期中实施集中的计划经济，因此我国目前也不具备足够的市场机制赖以顺利运行的软件。这些软件包括商务法律、企业管制条例、行业成规、群众的市场意识等与上层建筑有关的事物，而这些事物的欠缺又使市场机制难以顺利运行。

上层建筑必须为其经济基础服务是马克思主义的一条基本原理。我们所引入的作为部分经济基础的市场机制必须有相应的上层建筑为之服务。在市场机制中，经济活动主要依靠当事人之间契约的缔结和履行，而契约的缔结和履行的成功与否又取决于是否存在着完备的监督、管理和强制执行契约的法律条例规定。由于法律条例规定不可能照顾到涉及契约缔结和履行的一切细枝末节，因此除了法律条例规定之外，还需要行业成规和群众的市场意识作为补充。在体制改革以前，长期实施集中计划的我国几乎不存在这种与上层建筑有关的事物；而在引入市场机制以后，由于意识落后于存在，这些事物不可能立即出现，必须假以时日才能逐渐形成。因此，在必要的软件具备之前，市场机制无法顺利运行。例如，“欠债要还”是市场机制赖以顺利运行的最基本的法律条例规定和市场意识，然而，缺乏这种最起码的软件却给我国带来了“三角债”的问题，以致给我国的经济运行造成困难，甚至由国家出面也难以解决。在欠债不还的情况下，使用《通论》所提到的货币政策进行宏观调控也会难以奏效。这些事例所表明的软件的必要性已经在世界范围内为经济学者所承认。例如，一本西方著作写道：“建立一个制度上的框架来支持市场发挥作用是现代经济发展的一个核心问题。”[①] 可以看到，在市场机制应有的软件得以具备以前，市场机制和《通论》在我国发挥作用的范围和程度都会受到限制。正和上文中有关硬件所说的相同，不顾这些限制的后果只能是制造混乱。

第三，除了缺乏足够的硬件和软件以外，作为我国独特情况的人口压力也使我国的市场经济发挥作用的程度和范围受到限制。

我国人口居于世界各国的首位，约占世界总人口的1/5到1/4。虽然我国资源丰富，但庞大的人口数量使人均占有额相对贫乏。由于人口众多和人均资源的贫乏，个人经济行为轻微的变动加在一起便会对市场构成巨大的冲击，而市场机制只能通过供求的调节来解决比较轻微的经济波动，对于巨大的冲击，它是无能为力的。当经济风暴到来时，西方金融市场的暂停营业及等待风暴的平息便是一个突出的例证。以我国的事态为例，春节期间客流量的猛增几乎给我国的交通运输行业带来灾难性的后果。国家只有在事先作出计划安排，甚至动用行政命令的手段，各方疏导，才能缓解这一问题。然而，在西方国家的相当于我国春节的圣诞节期间，交通运输虽然

---

① 柏特曼，鲁希马耶．国家与市场在经济发展中的作用．伦敦：林里纳出版社，1992：120.

相对紧张，但其程度全然不能与我国相比拟，完全可以通过对市场供求关系的调节加以解决。

春运的事例固然可以显示市场机制在我国所能解决问题的限度，但还不足以表明它不能解决问题所带来的严重后果。为了说明这一点，我们举另一个有关粮食的例子。世界粮食的总储备量约可供全世界人口 2 个月之用。以我国占全世界人口 1/4 来计算，世界储备粮可以维持我国 8 个月的消费。由于美国人口约为我国人口的 1/5，所以同一粮食储备可以维持美国 40 个月之久。为了说明问题，假使我国和美国都遭受颗粒无收的灾荒。在这种情况下，即使全世界愿意而且能够运用储备粮提供帮助，但是，世界储备粮仍然解决不了我国的灾荒问题，却可以使美国渡过难关。因为农业生产的周期约为 1 年，而全世界储备粮仅够我国 8 个月之用。这样，我国仍然会面临 4 个月的饥荒，其后果的严重程度当然是不言自明的。而对美国而言，足以维持 40 个月的世界储备粮可以使它顺利渡过饥荒。这个例子表明：市场机制在我国所能发生的作用具有相当大的局限性，从而《通论》在我国的作用也是如此。

高鸿业先生论凯恩斯经济学

杨玉生*

我最初认识高鸿业先生是在 1980 年 11 月他的家里，当时我带着宋则行教授的亲笔信去他家请他指点我的硕士学位论文选题。初次见面，高鸿业先生就给我留下思维缜密、见解深邃的印象。当我说出我的论文选题是“论凯恩斯经济学的历史地位”及我的选题想法的时候，他问我：“你知道凯恩斯在西方经济学家中为什么受到特殊的重视吗？他的理论对于西方国家有什么特殊的意义呢？他的《就业、利息和货币通论》（以下简称《通论》）一书为什么一出版就受到西方经济学界普遍的重视呢？甚至原来反对凯恩斯《通论》的一些经济学家也逐渐被它征服了，以至许多经济学家都说‘我们大家都是凯恩斯主义者’呢？”然后，他自问自答地说：“凯恩斯之所以在西方国家受到特殊的重视，是因为在资本主义的经济大萧条中，凯恩斯提供了让经济走出困境的理论和政策，就是以国家（政府）干预的手段，扩大社会总需求。这一招确实很灵，特别是在第

---

* 杨玉生，沈阳市人，1942 年生，汉族，经济学博士，辽宁大学教授、博士生导师。1978 年考取我国第一批硕士研究生，1985 年又考取博士研究生，在我国著名经济学家宋则行教授指导下学习和研究西方经济学。从 1993 年起享受国务院政府特殊津贴，1995—2000 年担任辽宁大学经济研究所所长，1997 年起担任中华外国经济学说研究会副会长，2005 年起担任东北地区外国经济学说研究会会长。马克思主义理论研究和建设工程重点教材西方经济学课题组主要成员。

二次世界大战以后的20余年间，西方国家普遍采用凯恩主义的理论和政策，给西方国家经济带来了空前繁荣。在凯恩斯经济学盛行的时代，西方任何一种其他经济学理论，都不能和凯恩斯的理论匹敌。西方经济学界不得不承认凯恩斯经济理论的独尊的地位。”他稍停一会儿又说：“但凯恩斯不能一劳永逸地解决资本主义的经济问题，像一切资产阶级经济学一样，企图在维护资本主义制度的前提下来医治资本主义的痼疾，是根本做不到的。结果，在20世纪60年代末和70年代初资本主义经济出现‘滞胀’以后，凯恩斯经济学和政策就一筹莫展了，再也拿不出可以使资本主义经济走出困境的处方了。于是凯恩主义经济学陷入了危机。”最后他说：“你能够在论文中把这些问题都说清了，你的论文就算成功了。我建议你从西方国家经济近几十年的变迁中寻求凯恩斯经济学从兴起到衰落的原因，并以此为根据来评价凯恩斯经济学。”高鸿业先生的一席话，使我茅塞顿开，也在一定程度上帮我厘清了论文的分析思路。这虽然是一席简单的谈话，却可以从中看到高鸿业先生关于凯恩斯经济学的深邃的思想。高鸿业先生的这席谈话高屋建瓴地抓住了凯恩斯经济学的真谛，以及其在资本主义经济生活中的作用与历史的局限性。

高鸿业先生最初对凯恩斯经济学的全面系统的分析，见之于他为1999年翻译、出版的凯恩斯《通论》所做的“译者导读”。这是一篇用马克思主义经济学理论分析凯恩斯经济学的佳作。这里，本文把其评论的要点做一概述，以彰显高鸿业先生理论研究的风采和精深造诣。

（1）高鸿业先生指出，凯恩斯把《通论》出版时的西方职业经济学者作为读者对象。凯恩斯在该书原文序言中明确指出："本书主要是为我的同行经济学者而撰写的。"就是说，他认为，读者已经具备作为西方职业经济学者已经掌握的古典学派理论的知识，即在20世纪30年代已经存在于西方的传统经济思想。

高鸿业先生在他的"译者导读"中，为了让读者了解凯恩斯所说的古典学派知识，以阐释萨伊定律为中心，简明扼要地阐述了古典学派的就业理论。高鸿业先生指出，古典学派的就业理论由三个部分组成：

第一，传统的劳动市场论。按照传统西方经济学就业理论，社会就业量和实际工资是由劳动的供求双方决定的。仅就劳动的供给而言，导致人们从事劳动的动机被认为是得到实际工资，即货币工资所能购买到的实物；而阻挠人们从事劳动的阻力是劳动的负效用，即由于劳动而带来的不舒服之处，如疲倦、精神紧张等。在既定的实际工资水平，凡是认为该水平的工资能补偿劳动的负效用的人都已经就业，只有那些嫌工资太低，不足以补偿其负效用的人才会失业。这些不愿"屈就"的人，因为他们拒绝为现行的工资而劳动，所以被西方学者称为自愿失业者。

第二，利息论。一方面，按照传统的说法，投资资金的来源是储蓄，而人们储蓄的目的是为了在将来能得到利息，以便获取更多的消费，因此利息被看作是"节欲"（即截至现在的消费）或"等待"（即等待将来的消费）的报酬。利息率越高，报酬越大，储蓄量也越多；反之，储蓄量则越少。另一方面，利息也构成投资必须为之支付的成本，利息率越高，成本越大，投资量则越小；反之，投资量则越大。这样，储蓄代表投资款项的供给，投资本身代表投资款项的需求，而利息率则为使供求相等的价格，正和任何商品的价格可以使该商品的供求相等一样。也就是说，通过利息率的作用，整个社会产品没有被消费掉的部分，即储蓄，能够自动转化为投资。从而该社会不会存在生产过剩的失业现象。

第三，货币数量论。按照货币数量论，人们之所以需要金钱（即货币），原因仅在于金钱能购买到物品，如投资品、消费品等。因此，“合乎理性的人”，即企图使自己的利益最大化的人，除了在手中存放一小笔现款，以便购物时方便以外，不会持有多余现款，因为存放于个人手中的现款得不到利息或其他类似的收入，从而不能使自己的利益最大化。因此，如果他具有多余现款，他会把它用于购买股票、债券、房地产，从事工商业经营或存放于银行来收取利息。总之，把它用掉，不是用来购买消费品，就是用来投资，也就是说，货币不过是交换的润滑剂，其唯一作用仅仅是充当交换的媒介。

既然货币只具备交换媒介的功能，而根据上述第一点和第二点，资本主义总是处于产量最大的充分就业状态，那么如果货币数量增加，其后果不外乎使价格、工资等作同比例的上升；如果减少，其结果相反。因此，货币数量的增减对实际经济变量（如产量、实际工资、就业人数等）不会发生任何作用，仅能影响这些实际变量的货币价值的大小（如产值、货币工资、就业人员的收入等）。换言之，货币的引入不会影响经济的运行。

上述相互关联的三个论点构成传统西方经济学有关就业的理论，其目的在于证明，资本主义总能处于充分就业状态，而不会出现生产过剩的危机，这显然不过是萨伊定律的另一种表达方式。

（2）高鸿业先生指出，凯恩斯撰写《通论》的目的就在于反对传统学者所信奉的就业理论及由此而导致的对付危机的态度。具体地说，凯恩斯企图推翻传统的有关就业理论赖以组成的上述由传统的劳动市场论、利息论和货币数量论组成的三部分，并且提出他治理危机的对策。在本书中削减工资成为一个反复进行争论的重要主题。

必须指出，凯恩斯并没有真正推翻传统经济学的萨伊定律，而是说明萨伊定律仅适用于资本主义宏观经济运行的一个特殊情况。由于凯恩斯认为他在本书中提出的新理论能适用于包括充分就业和小于充分就业在内的经济运行的一切情况，所以本书的标题中含有“通论”的字样。

（3）高鸿业先生把凯恩斯理论的轮廓做了这样的概述：在凯恩斯看来，一个社会的总产量、国民收入和就业量在短期中是大致等价的。所谓短期，是指社会的技术水平和生产资料的数量大致保持不变的期间。由于产量具有不同的物质单位（如一架机器、两斤粮食等），因此只能用价值多少来表示。而产量的货币价值即为国民收入，将国民收入除以社会的平均工资（即凯恩斯的工资单位），便成为就业量。因此，在短期中，再假设工资和价格大体不变，上述三个概念的数值会保持相同比例的变化，也就是说，三个概念中的任何一个变化能够表示其他两个概念的相应变化，三者等价意思即在于此。凯恩斯写作《通论》的最终理由是提高国民收入，使它达到充分就业状态，以便解决资本主义的失业问题和生产过剩的经济危机。因此他想首先在理论上说明国民收入是由哪些变量决定的；在找出这些变量之后，然后企图用国家的政策来控制这些变量，最终使充分就业得以实现。

凯恩斯认为，国民收入由消费和投资两个部分组成，因此，前者数值的高低取决于后者这两个组成部分的高低。然而，什么因素决定消费和投资这两个组成部分数值的高低？按照凯恩斯的观点，消费的数值取决于消费倾向，投资的数量则取决于资本边际效率和利息率。在这里，资本边际效率又取决于预期收益和资本资产的供给价格（或重置成本），而利息率则由货币数量和流动性偏好决定。

然而，按照凯恩斯的理论，资本主义并不能保证投资数量足以弥补在充分就业条件下被储蓄的部分。因为根据他的上述理论体系，投资数量取决于资本边际效率和利息率的相对数值，然而没有理由认为，二者的相对数值正好使投资数量与储蓄量相等。因此，资本主义制度会出现危机和失业现象。总之，凯恩斯理论企图论证的是：资本主义制度不能保证决定储蓄量的消费倾向和决定投资量的资本边际效率和利息率正好处于能维持充分就业时的数值，而只有在偶然的情况下才能如此。换言之，危机和失业在资本主义社会中经常出现，而充分就业仅仅偶然出现。因此，国家必须直接进行投资来使社会的投资量等于充分就业条件下的储蓄量，以便解决资本主义的危机和失业问题。为了达到这一目的，凯恩斯甚至提出了“投资社会化”的主张。

（4）高鸿业先生指出，凯恩斯有时对他在《通论》中所论述的问题并没有思考清楚就把他的想法表述出来，因此他的表述就不可能被人们完全理解。以利息论为例，在《通论》中，凯恩斯除了建立自己的利息论以外，还对传统西方经济学利息论的错误加以抨击，其主要论点是：传统的利息论不能自圆其说。因为按照传统的说法，投资需求曲线和投资供给曲线（即储蓄曲线）的交点决定利息率的高低。然而，凯恩斯指出，由于储蓄量的多寡取决于收入的多少，即在富裕时，社会储蓄较多，而在贫困时，社会储蓄较少，所以，储蓄曲线的位置取决于收入水平。这就是说，相对于某一个收入水平，存在着一条相应的储蓄曲线，从而在各种不同的收入水平下，存在着一系列储蓄曲线。这些储蓄曲线和既定的投资曲线会有许多代表不同利息率的交点，而不是单一的交点。换言之，在收入有待决定的条件下，人们不可能知道，在投资与储蓄曲线所决定的为数众多的利息率中，究竟哪一个代表实际存在的利息率。从而传统经济学的投资与储蓄能决定利息率的说法不能成立。

然而，高鸿业先生指出，凯恩斯自己的利息论也具有和他抨击的古典学派的利息论相同的错误。按照他的利息论，利息率的高低取决于货币的需求和供给。货币的需求分为两个部分，即 $L_1(Y)$ 和 $L_2(r)$。从这里可以看到，货币需求的一个组成部分 L_1 的大小取决于收入的高低 Y，从而对货币需求的总和 L_I+L_2 也必然受到收入 Y 的影响。因此，和古典学派的储蓄曲线一样，在凯恩斯的利息论中，相对于各种不同数值的收入水平，也有着一系列相应的货币需求曲线。因此在收入尚未被决定的情况下，仅凭凯恩斯的货币需求和供给曲线是无法确定利息率的。《通论》出版一年以后，希克斯的一篇著名的文章用目前西方经济学教科书中普遍使用的 $IS-LM$ 图形弥补了凯恩斯的错误。虽然凯恩斯同意希克斯的做法，但他是否认识他的错误所在尚不得而知。

(5) 高鸿业先生把《通论》的基本论点概括为：凯恩斯的政策建议不外乎使用货币政策和财政政策来弥补私人投资的不足，以便使总投资量等于充分就业条件下的储蓄，从而解决资本主义的危机和萧条问题。然而，由于种种原因，货币政策的效果不会很大，所以必须通过财政政策来增加投资量。为此，凯恩斯甚至提出“投资社会化”的主张。

高鸿业先生对《通论》的基本论点作了以下三点评价：

第一，从《通论》的基本论点中可以看到，凯恩斯主要通过流通领域来对资本主义的失业、经济萧条和危机问题进行分析。按照他的看法，造成这些问题的原因在于流通领域中没有足够的购买力来使生产出来的全部产品销售出去，从而造成了生产过剩。既然造成问题的原因被认为是来自流通领域，所以凯恩斯解决问题的办法也必然出自流通领域。他的解决办法是：只要在流通领域中提供足够的购买力，那么，便能避免资本主义生产过剩的危机，使它处于充分就业状态。

对此，高鸿业先生以马克思主义经济学的基本原理对凯恩斯的理论做了评析：资本主义生产的动机是为了谋取利润，所以它的宏观运行不可能是简单商品流通过程，而必须是 $G-W-G'$ 的过程。而且，马克思主义经济学告诉我们，G 到 G' 的变化不仅仅是流通问题，它首先是在生产领域中产生的。换言之，G到G′的变化必须通过流通过程和生产过程才能完成。本书着重研究的是流通过程的理论和保持流通渠道畅通的政策。以G到G′的变化必须通过流通领域而论，这对解决资本主义经济所面临的问题无疑具有一定作用，在这里存在着本书的正确之处。但是，就G到G′的变化必须通过生产领域而论，由于《通论》丝毫没有触及生产领域，所以它并不能彻底解决西方世界的问题。因为保持流通渠道畅通固然有助于实现在生产领域中形成的剩余价值，却不能保证剩余价值必然得以实现，也不能消除剩余价值的存在。当剩余价值不能实现时，资本主义宏观经济运行便会出现问题。因此，旨在保持流通领域畅通的宏观经济政策不过是一种治标之道。要彻底解决问题，则必须真正理解剩余价值形成的原因，并在此基础上寻求对策。然而，本书却对此只字不提，这便是本书的缺点或错误的地方。

第二，本书的基本内容也表明，凯恩斯对失业问题的理论分析和政策建议都局限于资本主义所容许的范围内。

高鸿业先生指出，以理论分析而论，凯恩斯认为，失业问题的原因是消费倾向、利息率和资本边际效率这三个变量的数值不能相互协调，使资本主义达到充分就业的状态，而这三个变量不能协调的原因又在于人们的心理状态。正是由于这一原因，一本直到目前仍具有权威性的总结西方危机理论的著作把凯恩斯的理论区分为用心理状态来解释危机的类型。由此可见，按照《通论》的理论，造成资本主义失业问题的最终原因是人们的心理状态，而与资本主义制度无关，从而不能把失业的责任归咎于该制度，这种理论分析显然是资本主义意识形态所容许的。

再以政策建议而论，高鸿业先生指出，凯恩斯解决失业问题的对策是在资本主义市场经济的运行中加以干预的财政政策和货币政策。这种干预不涉及私有制，又不妨碍私有制下的经营自由。干预不过是企图利用私有制下的经营自由来达到政策所要达到的充分就业的目标。显然，凯恩斯的政策建议完全处于资本主义合法范围内。

第三，从表面上看来，《通论》的基本内容似乎否定了萨伊定律，然而事实上，正如上文中已经指出的那样，它并没有从根本上否定萨伊定律，而是仅仅给萨伊定律加上了一个条件，即只要执行正确的宏观经济政策，使投资等于充分就业下的储蓄，萨伊定律便可以成立。

高鸿业先生指出，真正彻底批判萨伊定律的经济学家是马克思。他指出：为了论证资本主义制度下不可能产生经济危机，萨伊“简单地抽去商品流通和直接的产品交换之间的区别，把二者等同起来”。也就是说，萨伊把 $W-W$（直接的产品交换）和 $W-G-W$（商品流通）看作是相同的事物。萨伊宣称，既然在物物交换的情况（例如农民利用粮食交换日用品的情况）下不可能造成危机，那么，在使用货币的商品流通的情况下，由于货币具有交换媒介的作用，因此 $W-G-W$ 过程等同于 $W-W$ 的过程。因此，在商品流通的场合，也不可能发生危机。这种把 $W-W$ 同 $W-G-W$ 等同起来的说法当然是错误的。货币的使用把 $W-G-W$ 的过程分为两个部分，即 $W-G$ 和 $G-W$。买者在用 W 换到 G 以后不一定在同时同地用其所得来购买其他商品，因此，就存在着危机发生的可能性。

高鸿业先生进一步指出，萨伊不仅把 $W-W$ 和 $W-G-W$ 等同起来，而且把 $W-G-W$ 和 $G-W-G'$ 等同起来，因为他企图论证的没有危机的社会不是简单商品的类型，而是资本主义类型。对此，马克思指出，萨伊定律“企图把资本主义生产当事人之间的关系，归结为商品流通所产生的简单关系，从而否认资本主义生产过程的矛盾”。在资本主义社会中，居于决定性地位的生产当事人之间的关系来源于生产过程中的资本与劳动之间的关系，而不是独立的生产者相互交换自己的商品。因此，把 $W-G-W$ 和 $G-W-G'$ 混淆在一起就等于否认资本主义的存在。在萨伊定律的情况下就等于用否认资本主义存在的办法来否定资本主义所特有的失业和危机问题。这种论证方式显然是错误的。关于这种论证方式，马克思写道：“为了证明资本主义生产不可能导致普遍的危机，就否定资本主义生产的一切条件和它的社会形式的一切规定，否定它的一切原则和特殊差别，总之，否定资本主义生产本身；实际上是证明：如果资本主义生产方式不是社会生产的一个特殊发展的独特形式，而是资本主义最初萌芽产生以前就出现的一种生产方式，那么，资本主义生产方式所固有的对抗、矛盾，因而对抗、矛盾在危机中的爆发，也就不存在了。”

（6）关于《通论》在西方国家的作用和影响问题，高鸿业先生以实事求是的科学态度从以下三个方面做了论述：

第一，思想方面。对西方坚持自由放任的保守主义者来说，受到管理的资本主义是不能允许的异端。特别是在《通论》第 24 章中，凯恩斯提出了“投资社会化”的主张和“食利者阶级的消亡”的前景。与此同时，虽然凯恩斯明确指出：除此以外，他坚决赞成私有制、个人主义和自由经营的资本主义制度，但是，《通论》的内容在它最初出现的时期，仍然受到西方保守主义者的排斥和抨击，美国比较保守的前总统胡佛总是把《通论》所含有的思想称作“马克思主义者凯恩斯的学说”。即使在今天，反对的态度有所缓和，但《通论》还是属于被保守主义者所排斥和抨击的对象。

以西方的中间派而论，凯恩斯在《通论》中所显示的伤害资本主义制度的医治失业和危机的方案被称为拯救该制度的良药。他们故意忽视《通论》中上述稍稍带有异端的言论，而把凯恩斯看作资本主义的“救世主”，从而致力于对《通论》的弘扬和宣传，使书中的基本内容构成西方主流思想的一个组成部分。

然而，被中间派故意忽视的“投资社会化”“食利者阶级的消亡”等说法对西方的中间偏左的改良主义者具有吸引力。他们认为，这些说法有利于达到社会公正，而且凯恩斯的理论给国家对经济活动的干预开辟了一条道路，因为在西方，一个比较普遍存在的信念是：对经济活动干预最少的政府便是最好的政府。如果为了解决失业问题，资本主义国家便有理由对市场进行干预，那么，为了消除资本主义的其他弊端，国家也可以进行其他方面的干预。干预范围的扩大甚至会导致计划经济。因此，本书也构成西方改良主义思想的一个组成部分，甚至被当作它的理论基础之一。

《通论》也给少数西方马克思主义者带来幻想，使他们用凯恩斯主义来代替马克思主义作为指导思想。由于这一原因，西方的马克思主义政党往往对《通论》的内容持批判的态度。例如，英国的一位马克思主义者写道："凯恩斯的学说在理论上是不正确的，而且对工人运动极端危险。它的根源和哲学基础都是彻头彻尾的资本主义。"

第二，政策方面。《通论》出版以后，经过长期的争论，传统西方经济学的代表人物——庇古教授终于承认，他赞同需求管理的方法，即用凯恩斯所建议的政策，而放弃他过去所主张的削减货币工资的政策来解决失业问题。庇古教授在政策上的态度转变象征着凯恩斯在西方国家经济政策上的完全胜利。在《通论》的影响下，美国议会于1946年通过《就业法案》，该法案建立了目前仍存在的总统经济顾问团。英国政府于1944年颁布了《就业政策白皮书》，《就业政策白皮书》规定，英国政府要维持足够数量的有效需求，以便达到充分就业的目标。

除了国内的充分就业政策以外，《通论》的理论，特别是第二十三章关于重商主义论述所隐含的国际经济政策，则促成了国际货币基金组织和世界银行这两个重要国际组织的成立。

大致说来，在第二次世界大战之后，几乎所有的西方国家都在不同程度上采用了《通论》所建议的政策。对此，西方学者布劳写道："本书出版后的30～35年中，世界每一个地区的政府都采用了凯恩斯所建议的政策或至少与凯恩斯有关的政策。近几年来这些政策方案在很大程度上已被放弃，但许多经济学家仍然继续支持凯恩斯的方案，而把未能解决大量失业和通货膨胀并存的原因归咎于反对凯恩斯的思想。"

第三，学术方面。自从《通论》出版以来，除了例外情况，如数理经济学、计量经济学、新制度经济学等分支以外，西方经济学的发展多少都与《通论》有关。在这个意义上，西方经济学发展的一个很大部分可以说是它对本书所作出的反应。这种反应固然代表西方学者对《通论》的解释和见解，但这些解释和见解又在很大程度上受到西方世界实际情况变化的影响。

《通论》的出版使得西方同时存在两种既有关联又相互矛盾的理论体系。一方面，传统的西方经济学以个量分析为主，根据对单个消费者、厂商和生产要素所有者的分析，得出资本主义市场的各种因素能够自行调节该社会各种矛盾的结论，并据此主张实行自由放任、国家不干预经济生活的政策。另一方面，凯恩斯则偏重于分析总量变数。根据他所建立涉及总量变数的理论，得出资本主义市场的各种因素不能自行解决失业问题的结论，并据此主张实行国家干预经济生活的政策。这样，在西方经济理论体系内部就产生了干预与反干预的对立，以及由此而造成的各种矛盾和不调和之处。针对这一情况，被认为是左派的西方学者主张摒弃居于基础地位的许多传统说法（如稳定的均衡），并且对《通论》的内容加以解释和发展，以便对滞胀问题提出自己的见解和对策。与此相反，右派人士认为，本书的内容基本上是错误的，从而他们在维护传统理论的基础上发展出新的说法，企图解决滞胀问题。中派的西方经济学界则企图把传统理论和凯恩斯理论加以调和。

高鸿业先生将以美国著名经济学家萨缪尔森为代表的新古典综合派作为中间派的代表，做了重点论述。他指出：为了调和传统理论和凯恩斯理论的矛盾，以萨缪尔森和希克斯为首的西方学者，建立了新古典综合派的理论体系。该学派把传统的西方经济学当作研究个量的微观经济学，把凯恩斯主义作为考察总量的宏观经济学。它宣称，前者是以充分就业为分析的前提，后者则着重研究各种不同水平的就业量情况。因此两种理论是相辅相成的，可以被纳入同一体系之中，而传统的自由放任和凯恩斯的国家干预主张不过代表同一理论体系所涉及的两种不同的情况。这样，新古典综合派不但企图弥补西方经济理论体系内部的漏洞，而且企图通过它的理论体系来维护资本主义是理想社会的说法。

高鸿业先生指出：新古典综合派的理论体系在第二次世界大战以后一直居于正统地位，并且在西方经济学界享有威信。这种状况在20世纪60年代中期以后由于通货膨胀的恶化而有所削弱。进入20世纪70年代以后，西方世界出现的滞胀，即失业与通货膨胀的并存，给新古典综合派以十分沉重的打击。

高鸿业先生对此进一步分析道：按照新古典综合派的理论，当经济活动处于充分就业状态时，通货膨胀率应该为零，如果经济活动小于充分就业，那么，不但不存在通货膨胀，而且价格水平还会下降。只有当经济活动大于充分就业，才会出现通货膨胀现象。就是说，该学派的理论表明：失业（经济活动小于充分就业）和通货膨胀（经济活动大于充分就业）是不可能同时并存的。这一结论显然违背存在于西方的滞胀事实。

高鸿业先生指出，新古典综合派不但无法解释滞胀的存在，而且提不出解决这一问题的对策。按照该学派的理论，在失业问题存在的条件下，政府应该增加预算支出和赤字，以便扩大有效需求，从而增加就业量；当通货膨胀出现时，政府必须减少预算支出和取得预算盈余，以便降低有效需求，从而消除通货膨胀。这种政策建议在失业问题和通货膨胀同时并存时便会带来自相矛盾的后果。如果西方国家采用增加预算支出来解决失业问题，那么，有效需求的扩大必将使通货膨胀恶化。如果它通过减少预算支出和取得预算盈余来制止通货膨胀，那么，有效需求的削弱必将降低消费和投资支出，使失业问题更加严重。简言之，医治一种疾病成为加重另一种疾病的手段，在失业问题和通货膨胀并存的条件下，政策的选择只能处于进退两难的境地。

关于西方左派和右派学者，高鸿业先生指出，西方左派学者认为，要解决滞胀问题，必须实行收入均等化和投资社会化的政策。而西方右派学者认为，对付滞胀最好的政策仍然是传统的西方经济学所主张的自由放任、国家不加干预的政策。

高鸿业先生得出结论：目前三派之间调和、抨击和维护的过程仍在继续。从其粗略的轮廓中可以看到，在第二次世界大战以后，西方经济学的很大一部分发展与《通论》有关。具体说来，《通论》被作为理论根据、思想渊源或攻击的对象。迄今为止，三派中尚没有任何一方提出令人信服的解释和解决滞胀问题的理论和对策。

（7）关于《通论》在中国的适用性问题。高鸿业先生认为，仅以《通论》的主旨本身而论，凯恩斯的这本著作对我国的用处不大。对此，他具体分析如下：我国是社会主义国家，而凯恩斯的论述对象是资本主义制度。由于社会制度的不同，因此本书的理论和对策不可能对我国具有很多实践意义。然而，即使略去制度差别不谈，本书的基本内容仍然如此。其中原因在于，虽然我国也存在贫穷问题，但贫穷的根源不是本书所说的资本主义制度所造成的“丰裕之中的贫困”，而是人口过多又没有足够的资源和生产能力与之相适应所导致的贫穷。解决这一类型贫穷问题的办法恰恰应该与凯恩斯主义的“需求管理”相反。我们必须增加生产，进行“供给管理”。为了达到增加生产的目的，我们在相当长的时期中要勤俭建国，在可能的范围内适当减少购买力，以便积累生产基金，而不是刺激消费和投资来增加购买力，绝不能采取《通论》中提到的类似建造金字塔那样的办法。凯恩斯在《通论》中提到的“有效需求的不足”是由生产与消费的矛盾引起的，它是资本主义市场经济所固有的缺点。正是为了避免这个缺点和其他缺点，我国才推行社会主义市场经济，而不是资本主义市场经济。

高鸿业先生认为，在两个次要方面，《通论》在实践上有为我国参考的价值。首先，在我国经济运行过热时，我们也必须实施减少投资的需求管理，从而有必要去参照西方的做法。其次，在某些特殊情况下，如曾经的东南亚金融危机，也可能导致我国发生需求不足的现象。针对这一现象也有必要参照根据《通论》的理论而形成的西方国家政策。

显然，高鸿业先生所做的上述导读对于我们正确把握凯恩斯《通论》的基本内容和政策导向具有重要的指导意义。人们在阅读凯恩斯的《通论》时，不可不首先阅读一下高鸿业先生的这本《导读》。这绝不是画蛇添足或多此一举。阅读高鸿业先生的《导读》

对我们大有裨益。我自己就从中受到了很大的启迪。可以把我从中受到的教益概括为以下几点：

第一，应该从凯恩斯《通论》产生的经济背景上来把握其理论意义和实践意义。不言而喻，20 世纪 30 年代发生的资本主义大萧条，是凯恩斯经济学产生的重要经济原因。大萧条需要凯恩斯经济学来对经济危机的现实做出科学的解释，并开出使经济走出困境的处方。凯恩斯经济学适应了这一时代的要求应运而生。

第二，像高鸿业先生指出的，凯恩斯经济学对萨伊定律否定得并不彻底，它只是为萨伊定律加上了一些约束条件，在满足这些条件之下，萨伊定律还是适用的。这种认识应该说是很新颖的。国内一般学者不这样认为，而是认为凯恩斯经济学推翻了萨伊定律，是在推翻萨伊定律的基础上阐发了新的经济理论。高鸿业先生的《导读》从马克思主义经济学的观点上，对萨伊定律从本质上作了分析，从而阐发了新的观点。

第三，高鸿业先生认为凯恩斯关于有效需求的分析，只是从流通领域进行的分析，而没有涉及生产领域的问题，而资本主义经济的问题恰恰主要出现在生产领域，这是他的经济理论不能从根本上解决资本主义失业和危机问题的根本原因。这种认识完全符合马克思主义经济学的基本观点，也为一般研读《通论》的读者提供了新的思路。

第四，高鸿业先生强调，应该视不同情况来认识《通论》的理论与实践意义。它仅适用于发达国家有效需求不足的情况，而对以发展经济为第一要务的发展中国家，由于其主要问题不是需求不足，而是资金不足、设备和技术落后、劳动生产率低下及需要大量积累发展生产的资金，因此它就不适用了。不能认为凯恩斯理论适用于一切国家和一切情况，这种认识也具有重要的启迪意义。

第五，正如高鸿业先生指出的，《通论》存在许多似是而非、语焉不详的模糊之处，在阅读《通论》时，需要加以鉴别。

第六，凯恩斯理论作为一种知识和分析的工具，也可以用来分析我国宏观经济运行问题。例如，可以从总供求平衡的视角来探讨我国经济协调、稳定、均衡增长的问题，凯恩斯经济学所阐述的国民生产总值（或国内生产总值）、国民收入、消费、储蓄、投资、货币供给量、货币需求量、利率、价格水平、就业量、失业率等宏观经济变量之间的关系，也可以用于社会主义市场经济中宏观经济变量关系的分析。在经济运行层面上，凯恩斯经济学，像西方市场经济理论一样，有其不可替代的借鉴价值。

附录一

凯恩斯生平年表

1883年	出生于英国剑桥市。
1897年	获得奖学金，进入伊顿公学。
1902年	进入剑桥大学国王学院。
1905年	以荣誉生身份毕业于剑桥大学。
1906年	通过文官考试，进入印度事务局。
1908—1915年	剑桥大学经济学讲师。
1909—1946年	剑桥大学国王学院院士。
1911—1945年	《经济学杂志》主编和英国皇家经济学会秘书长。
1919年	英国财政部驻巴黎和会代表。
1919年	撰写和出版成名作《和平的经济后果》。
1919—1946年	居住于伦敦处理事务，仅于周末在剑桥进行学术活动。
1924—1946年	剑桥大学国王学院财务总监。
1925年	与俄国著名舞蹈演员卢普诺娃结婚并访问苏联。
1928年	再次访问苏联。
1929年	英国科学院院士。
1936年	开设剑桥艺术剧院。
1940—1946年	英国财政大臣顾问团顾问。
1941—1946年	英格兰银行董事；国家艺术馆董事。
1942年	晋封为勋爵。
1942—1946年	剑桥大学艺术顾问委员会主席。
1944年	率英国代表团参加布雷顿森林会议。
1944年	在华盛顿参加商讨第二阶段战时《租借法案》。
1945年	在华盛顿参加会议，获得巨额美国贷款。
1946年	英国皇家学会院士；获剑桥大学荣誉博士学位；参加国际货币基金组织和世界银行开幕典礼。
1946年	在英国逝世。

附录二

凯恩斯的主要著作

出版年份	著作名称
1913 年	《印度的通货与财政》
1919 年	《和平的经济后果》
1921 年	《概率论》
1922 年	《和约的修订》
1923 年	《货币改革论》
1925 年	《丘吉尔先生的经济后果》
1930 年	《货币论》
1931 年	《劝说集》
1933 年	《传记集》
1936 年	《就业、利息和货币通论》
1940 年	《如何筹措战事经费》
1947 年	《牛顿其人》
1949 年	《两篇回忆录》

附录三

重要译名英汉对照表

A

aggregate demand，总需求
aggregate supply，总供给
animal spirit，动物的本能
A Treatise on Money，《货币论》
A Treatise on Probability，《概率论》
Austrian school，奥地利学派
average propensity to consume，平均消费倾向

B

Blaug，布劳
bottle-necks，瓶颈状态
Bretton Woods，布雷顿森林
Burens，A. F.，伯恩斯
business cycle；trade cycle，商业周期

C

carrying costs，保管费
cash balance theory，现款存量说
Cassandia，卡珊德拉公主
Cassel，卡塞尔
classical economics，古典经济学
consumption function，消费函数
Cournot，古诺
currency，通货

D

deflation，通货紧缩
demand，需求

depression，萧条
discount rate，贴现率

E

effective demand，有效需求
employment function，就业函数
equation of exchange，交换方程
equilibrium，均衡
Essays in Biography，《传记集》
Essays in Persuasion，《劝说集》
Eton College，伊顿公学
expectation，预期

F

Fable of the Bees，《蜜蜂的寓言》
factor cost，要素成本
favorable balance of trade，贸易顺差
Fiscal Policy and Business Cycle，《财政政策与经济周期》
Fisher，I.，欧文·费雪
free trade，自由贸易
frictional unemployment，摩擦失业
Friedman，M.，弗里德曼

G

Galbraith，加尔布雷斯
General Theory of Employment，*Interest and Money*，《就业、利息和货币通论》

H

Hansen，A.，汉森
Harris，哈利斯
Heller，海勒
hoarding，贮藏现款
How to Pay for the War，《如何筹措战事经费》
Hicks，希克斯

I

income velocity of money，货币的收入流通速度
India Office，印度事务局
Indian Currency and Finance，《印度的通货和财政》
inducement to invest，投资诱导
inflation，通货膨胀
interest rate，利息率
International Bank for Reconstruction and Development；World Bank，世界银行
International Monetary Fund，国际货币基金组织

investment，投资
involuntary unemployment，非自愿失业

J

Jevons，杰文斯

K

Kahn，卡恩
Kalecki，卡莱茨基
Keynes，John Maynard，约翰·梅纳德·凯恩斯
King's College，Cambridge，剑桥大学国王学院

L

liquid capital，流动资本
liquidity preference，流动性偏好
Lloyd George，劳合·乔治
Lucas，卢卡斯

M

Mankiw，曼昆
marginal disutility，边际负效用
marginal efficiency of capital，资本边际效率
marginal product，边际产品
marginal propensity to consume，边际消费倾向
mathematical expectation，数学期望值
menu cost，菜单成本
mercantilism，重商主义
misery index，痛苦指数
monetarism，货币主义
money wage，货币工资
Moore，摩尔
multiplier，乘数

N

National Bureau of Economic Research，国家经济研究所
national dividend，国民所得
national income，国民收入
net national product（NNP），国民净产值
new classical economics，新古典经济学
"New Deal"，"新政"
new Keynesian economics，新凯恩斯经济学
newclassical synthesis，新古典综合派
Newton，The Man，《牛顿其人》
non-wage-goods，非工资品

O

open market operation，公开市场业务

P

Pigou，庇古

Political Arithmetic，《政治算术》

precautionary motive，谨慎动机

present value，现值

price，价格

prime cost，直接成本

Principles of Political Economy，《政治经济学原理》

propensity to consume，消费倾向

prospective yield，未来收益

protectionism，保护主义

Q

quantity theory of money，货币数量论

R

rational expectation，理性预期

real wage，实际工资

rentier，食利者，租金领取者

replacement cost，重置成本

reserve，准备金

reserve rate，准备率

revival，复苏

Ricardo，李嘉图

rigidity，刚性

Robinson，Joan，罗宾逊夫人

S

Samuelson，萨缪尔森

Say，J. B. ，萨伊

Say's law，萨伊定律

Schumpeter，J. ，熊彼特

Shaw，B. ，萧伯纳

Sidgwick，西奇威克

speculative motive，投机动机

stagflation，滞胀

staggered contract，劳动契约的持续性

sticky wage，黏性工资

stock of money，货币存量

supplementary cost，补充成本

supply，供给

T

Tayler，泰勒

The Economic Consequences of Peace，《和平的经济后果》

The Economic Consequences of Mr. Churchill，《丘吉尔先生的经济后果》

The Keynesian Revolution，《凯恩斯的革命》

theory of unemployment，失业论

transaction motive，交易动机

U

unfavorable balance of trade，贸易逆差

user cost，使用者成本

V

voluntary unemployment，自愿失业

W

wage goods，工资品

wage unit，工资单位

The Wealth of Nations，《国富论》

Wilson，W.，威尔逊

windfall loss，意外损失

后　记

凯恩斯的《就业、利息和货币通论》早已由徐毓枬先生译出并由商务印书馆出版。虽然徐先生的译文精美，但是，译文使用的是当时流行的半文言、半白话的笔调。这种笔调对现代读者来说，存在着阅读的不方便之处。主要因为这一原因，商务印书馆约笔者重译此书，重译本已于1999年出版。

该书的难于看懂的特点是举世公认的事实。当笔者翻译该书时，这一特点更加突出。因为不论笔者采用何种翻译方法，笔者相信，一般的读者对其中至少一部分的重要篇章是不大可能读懂的。为了解决这一困难，笔者在翻译时增添了一些译者注，并且写了一篇分量较大的“译者导读”。前者对该书的文句不清之处加以解释，并且推导出书中的公式；后者企图使读者能理解全书的整体内容。虽然如此，限于该书重译本的篇幅，二者远未能解决难于看懂的问题。

这本《导读》扩大了译者注和“译者导读”的篇幅，不但对《通论》的前因、后果和内容作了比较详细的说明，而且结合中国和西方的现实对该书作出了理论的分析和评价，希望帮助读者从该书中获得较多的有用知识，以便达到去芜存菁的目的。

必须指出，在撰写本《导读》时，虽然笔者大体按照《通论》

的章节来进行，但是，《导读》并未逐章逐句对该书的内容加以解释。因为笔者认为，这样做会使读者把阅读时间浪费于细枝末节上，反而有可能忽略掉该书的主旨内容。出于同样的考虑，本《导读》也并没有把该书的全部公式都推导出来。

高鸿业

2002 年 3 月 4 日于中国人民大学